图书在版编目（CIP）数据

管人如此难办，方法必须强悍／高轶飞著．—北京：中国华侨出版社，2013.3
（开讲啦；2）
ISBN 978 – 7 – 5113 – 3431 – 2

Ⅰ.①管…　Ⅱ.①高…　Ⅲ.①管理学 – 通俗读物
Ⅳ.①C93 – 49

中国版本图书馆 CIP 数据核字（2013）第 058608 号

●管人如此难办，方法必须强悍

著　　者/高轶飞
责任编辑/棠　静
封面设计/智杰轩图书
经　　销/新华书店
开　　本/710×1000 毫米　1/16　印张 18　字数 220 千字
印　　刷/北京溢漾印刷有限公司
版　　次/2013 年 5 月第 1 版　2013 年 5 月第 1 次印刷
书　　号/ISBN 978 – 7 – 5113 – 3431 – 2
定　　价/32.00 元

中国华侨出版社　　北京朝阳区静安里 26 号通成达大厦 3 层　　邮编 100028
法律顾问：陈鹰律师事务所
编辑部：(010) 64443056　　64443979
发行部：(010) 64443051　　传真：64439708
网　　址：www.oveaschin.com
e – mail：oveaschin@ sina.com

前言

毫无疑问，有什么样的领导，就会有什么样的团队。团队好不好，关键在领导！亦如人们所说的那样：强将手下无弱兵；兵熊熊一个，将熊熊一窝！做"熊将"你不愿意，我也不愿意，大家都不愿意，但是，我们又是否知道该如何成为一个"强将"呢？

通用电气前总裁杰克·韦尔奇向我们提出了忠告，他说："别再沉溺于管理了，赶紧领导吧。"这或许会让一些朋友感到难以理解——难道说管理和领导不是一回事吗？是，但也不是！杰克·韦尔奇的这句话其实是想告诉我们：团队领袖所做的主要工作，应该是如何去"导"，而不是如何去"管"。因为领导是一个集体进程，它是我们与下属在动机和目标上从冲突到和谐的产物。我们这些做团队领袖的不能将自己的意志强加给下属，用权力去"管教"、去"修理"，这行不通！当然，他们也不会逆来顺受地无条件执行。

换而言之，即便我们个人能力再强，也不可能凭借一己之力将团队做强做大，要知道，个人英雄主义在团队管理中基本无用。真正卓越的领导者应该这样，他们会最大限度地发挥自己的导向作用，让部属心甘情愿地跟着自己的脚步走，赴汤蹈火，在所不惜。想要做到这个程度，我们最起码要具有很高的"四商"。

那么何谓"四商"？

一、志商（WQ）：即我们志向的大小及坚持程度。我们不妨细翻历史，看看那些卓越的管理者，看看他们哪一个不是志存高远且甘于牺牲之人？要知道，作为团队的领袖，如果说我们本身就没有远大的志向，只求苟延残喘，那么我们的团队最终就只能被淘汰。事实上有不少企业家就是这样，他们在赢得暂时利益以后，就开始裹足不前，甚至认为"大不了我把家底卖了安享晚年"。毫无疑问，在这个激烈竞争的时代，他们也只能安度晚年了，至于享受不享受，那倒是个未知数。

二、德商（MQ）：即我们的道德水平，包括尊重、容忍、宽容、诚实、负责等美德。儒家创始人孔子就认为，正人必要先正己，"其身正，不令而行；其身不正，虽令不从"，并且告诉我们这样做的结果是"辟如北辰，居其所，而众星共之"。

三、智商（IQ）：即我们的智力高低水平。真的很难想象，一个团队，在一个没有智慧的人领导之下，会是一种什么情形？当然，如果你自认为智商不高，那也不必丧气，因为我们的智慧是可以培养的，而且也可以通过其他"三商"来弥补。

四、情商（EQ）：即我们处理情绪和处理人际关系的能力。当年小布什成为美国总统之时，很多人为此忿忿不平，因为他在大学时的成绩实在不值一提。但是，批评者们忘了，他的情商可远在一般人之上。事实上，小布什大学时就结识了很多智慧超群的人物，那些人后来纷纷走向举足轻重的岗位，这为小布什的竞选奠定了强大的人力基础。

记得著名企业家柳传志曾经说过："某种程度上讲，做企业就是在做人。"做人若是"四商"太低，显然无法成功；做领导若是"四商"太低，显然更是不行。而本书与那些课程式管理讲座的不同之处就在于，我们融经典于通俗，汇"四商"于驾驭，取素材于实战，付心血以撰文，不做呆板的言辞说教，只求以最亲切朴素的语言把那些简单又精辟的道理为大家讲清讲明。当然，最终的效果如何，还要看您能否活学活用。

目录

第一讲：立规篇

精华论点：

张瑞敏：对于现阶段处于由人治向法治转换过程中的大多数国内公司而言，健康的制度将削弱甚至取代人的影响力在企业中的过分存在，为企业的平稳发展创造条件。

开篇语：

企业内部管理制度是管理现代化的必然产物，它贯穿于企业经济活动的各个方面。一个健全的内部管理制度不仅可以增强企业的管理机制，提高企业的管理功能，同时也能帮助企业提高经营管理水平，提高经济效益，以达到"增收节支，事半功倍"的效果。

第二讲：引领篇

精华论点：

约翰·基恩：公司的目标可以集中企业资源，统一企业意志，振奋企业精神，从而指导、激励企业取得出色的业绩，战略制定者的任务就在于认定和表明企业的目标。

开篇语：

"共同愿景"就是一个思想上的模子，它树立了团队成员的共同理想。共同的理想、宏伟的目标，是团队凝聚力的根源所在。"同舟共济"、"协同作战"、"合作意识"、"整体观念"、"补台思想"等，都会成为团队的主导思想。

第三讲：修己篇

精华论点：

曾仕强：管理的起点，是"修己"。管理者自己修治自己，正己然后可以正人。管理者修己，不是为了做圣人，而是非如此不足以服众，是唯一的途径。

开篇语：

管理者要想管好下属，必须以身作则。示范的力量是惊人的。作为管理者，应事事为先、严格要求自己，做到"己所不欲，勿施于人"。一旦通过表率树立起在下属心中的威望，将会上下同心，大大提高团队的整体战斗力。

第四讲：用情篇

精华论点：

彼得·德鲁克：我经常说，日本的秘密在于它能够把家庭因素从现代企业中完全剥离出去，中国式管理的秘密可能在于把家庭因素融合到现代企业中来。

开篇语：

"人情"运用得恰到好处，便能发挥极大的效用。人情管理用在工作努力、有贡献的员工身上，是一种爱护和精神鼓励，会产生出极大的精神动力。经验证明，用微笑去鼓励，远比严厉说教对员工的影响更大。管理者运用"人情"可以说是感情投资，可以换取更大的精神动力，从而让管理变得得心应手。

第五讲：相马篇

精华论点： ◆◆◆◆◆◆◆◆◆◆◆◆◆◆◆◆◆◆◆◆◆◆◆◆◆◆◆◆◆◆◆◆

比尔·盖茨：就我而言，我最成功的商业决策在选人方面。跟我的副手保罗·艾伦合作可以说是我最成功的一次决策。其次就是雇用好友史蒂夫·鲍尔默，这些年来他一直是我重要的商业合作人。

开篇语： ◆◆◆◆◆◆◆◆◆◆◆◆◆◆◆◆◆◆◆◆◆◆◆◆◆◆◆◆◆◆◆◆◆◆

用人之事，每一个管理者均有自己的方法，但并不是所有的管理者都能把人用得恰到好处。用人的学问在于：如何把优秀的人才选拔出来，放到合适的位置上用好用活。唯有如此，高效工作的局面才会随之而来。

第六讲：奖惩篇

精华论点：

任正非：我们要全面推进干部考核与员工计量工作制，按能力、业绩及贡献，合理地安排员工的报酬。考核是完善价值分配的基础。在成绩面前人人平等。尽管我们的考核制度还不够完善、准确，但公司是坚决要推行的，全体员工都要善意地关心它，提出建设性的改进意见，拒绝考评的干部，我们将拒绝提升。

开篇语：

在企业管理中，对于功过是非的奖惩是管理者最关键的职能活动之一。奖惩，就是奖励和惩戒两方面意义的统称。奖励是赞许和鼓励，是运用激励手段来调动下属的积极性，最大限度挖掘其潜在能力的一种管理方法；惩戒，是惩治过错，警戒将来，通过惩戒违纪人员来规范人的行为，制止和预防不当行为的发生。

第七讲：宽严篇

精华论点：

拿破仑：我有时像狮子，有时像绵羊。我的全部成功秘密在于——我知道什么时候我应当是前者，什么时候是后者。

开篇语：

对于管理者而言，对于下属管理尺度的宽严往往是最难掌握的。但是，这也正是管好人、做对事的必备条件，因为唯有宽严适度，才能将"管理"这盘棋下活。精明的领导都是梨园英雄，他们知道什么时候唱"红脸"，什么时候唱"白脸"，他们知道，只有恩威并用，"红脸"、"白脸"搭配好，戏才能唱出彩来。

第八讲：控权篇

精华论点：

彼特·史坦普：成功的企业领导不仅是授权高手，更是控权的高手。授权问题指的是如何将职权在组织中进行合理而有效的配置。

开篇语：

不会授权的管理者往往因为他们貌似工作负责，而能蒙骗企业一时。长此以往，企业不被他们搞垮也会被他们拖垮。那么，是不是会授权的管理者就一定能把企业管好呢？答案也不尽然。授权也是分权，会分权还要会控权。授权与控权的成功与否，从大的方面来讲，决定着企业的兴衰成败；从小的方面来讲，影响工作的顺利开展。因此，授权必不可少，但控权也不可忽略。

第九讲：互动篇

精华论点：

戴尔·卡耐基：沟通如同呼吸一样，是一个人生存所不可或缺的。无论何时，管理者应将沟通视为重要工作，职位越高，沟通越重要。

开篇语：

管理是通过他人获得成功的艺术。我们的任务不是告诉，更不是命令，而是通过有效的措施与员工达成一定的和谐关系，从而为团队内部管理和效率提升创造一种有益的氛围。事实上，我们在令员工感到舒服的同时，自己也就成了最大受益者。

第十讲：慎独篇

精华论点：

谭小芳：领导者要有坚定的、超乎超人的自律能力。君子慎独，在种种诱惑面前能定其心志，能得能舍，从而以自我的品德为组织树立榜样，这样才能形成领导者影响力中的魅力成分。

开篇语：

一般人想说什么就说什么，想做什么就做什么，不必有很多顾忌。但管理者却不能这样，因为我们代表着某个组织和某种权力，每个人都在注意我们的一言一行。因此，作为领导，我们一定要小心管理，慎独慎微。在本书的收官部分，就让我们一起来看看，管理者究竟有哪些情况需要格外地小心。

第一讲　立规篇

精华论点：

张瑞敏：对于现阶段处于由人治向法治转换过程中的大多数国内公司而言，健康的制度将削弱甚至取代人的影响力在企业中的过分存在，为企业的平稳发展创造条件。

开篇语：

企业内部管理制度是管理现代化的必然产物，它贯穿于企业经济活动的各个方面。一个健全的内部管理制度不仅可以增强企业的管理机制，提高企业的管理功能，同时也能帮助企业提高经营管理水平，提高经济效益，以达到"增收节支，事半功倍"的效果。

第一节　团队如果没规矩，管理等于没道理

世界上的一切都必须按照一定的规矩秩序各就各位。

咱们中国有句老话"没有规矩不能成方圆"，著名管理咨询家刘光起先生也说："管理就是管出道理，道理就是规范规则。"这"管理中的规范规则"，不外乎管理中的各项规章制度。一个团队，有了规范的制度程序，才能保证执行的高效、到位。一套好的规章制度，甚至强于几名管理人员。所以说，管理工作最重要的不是直接去管人，而是制定让人各尽其职的制度。

说得直白一点，管理者与下属毕竟存在着一种无形的对立关系，你单在嘴上说服管理，部分人便会对此置若罔闻。但你把规矩定下来，你把规矩摆在那里，你告诉他们什么是规矩，破坏了规矩又该怎么处理，这样，他们的心里便有了一个谱，知道底线在哪里。然后，你只要按规矩办事，就不会有人觉得你滥用权力、厚此薄彼，你的管理行为会更有说服力，管理也会变得更加容易。

退一步说，即便你定下的这个规矩还不够成熟，但也比没有规矩要好得多。一个团队若是没有规矩，团队成员心中便少了一杆秤。是的，他们知道你是他们的上司，但并不知道什么是你所允许的、什么是你所不允许的。今天张三犯了这样一个错，你没有察觉，你没有纠

正，别人看在眼里；明天李四犯了同样的错误，你发现了，你去批评，大家就迷茫了——这是怎么个情况？张三是领导家亲戚？李四跟领导有仇？猜测各异，众口不一，你并没有弄清是怎么个状况，但你的威严很可能已经就此扫地了。但如果你把规矩摆在那里，无论是张三李四，还是王五赵六，哪个敢轻易以身试法？

当然，规章制度的重要性比这可要大得多。管理者拿着制度对下属说话，永远比依靠个人权力发号施令底气要硬、力度要大，也更具效率性。有这样一件事就足以说明制度的重要性，我们不妨一起去看一下。

18世纪末，英国人来到澳洲，随即宣布澳洲为他们的领地。但是，怎么开发这个辽阔的大陆呢？当时英国没有人愿意到荒凉的澳洲去。英国政府想了一个绝妙的办法：把犯人统统发配到澳洲去。一些私人船主承包了运送犯人的工作。最初，政府以上船的人数支付船主费用，船主为了牟取暴利，尽可能多装人，却把生活标准降到最低，所以犯人的死亡率很高。英国政府因此遭受了巨大的经济和人力资源损失。英国政府想了很多办法都没有解决这个问题。后来一位议员想到了制度。那些私人船主利用了制度的漏洞，因为制度的缺陷在于政府付给船主的报酬是以上船人数来计算的！假如倒过来，政府以到澳洲上岸的人数来计算报酬呢？政府采纳了他的建议——不论你在英国装多少人上船，到澳洲上岸时再清点人数支付报酬。一段时间以后，英国政府又做了一个调查，发现犯人的死亡率大大降低了，有些运送几百人的船经过几个月的航行竟然没有一个人死亡。

我们看，犯人还是同样的犯人，船主还是那些船主，不同的是船主们得到了制度的约束，于是，所有的问题解决了，这不就是制度的力量？在现代管理中，制度的重要性更是不言而喻。我们做管理者的都知道，如今的竞争在很大程度上就是人才的竞争，而人复杂多样的价值取向和行为特质，就要求我们必须营造出有利于共同理念和精神价值观形成的制度和文件环境，并约束、规范、整合人的行为，使整个团队达成目的的一致性，最终实现团队的共同利益。不管你只是一个小企业的领导，还是大企业的舵手，都不能忽视制度的重要性。而且，我们不能只是心里有这么一个概念，随便拿出那么一个方案，这不够，这达不到我们想要的效果。你如果不是只为了摆摆样子，吓吓你的下属，你如果真希望自己的制度能够推动团队的发展，那么在以下几个方面，你都要有所关注：

一、制度的可行性。制度是用来规范团队成员的标准，它必须符合团队的实际情况并能够解决团队存在的一些问题。所以我们在制定制度的过程中，一定要对团队有个准确的评估，你得多查查、多看看，对现实需求进行深入的调查分析，对需要解决的问题按轻重缓急做出科学合理的划分，采取先重要后主要再次要的处理方式。同时，在制度的制定过程中，你必须与团队主要成员做好充分沟通，明确制度的适用范围和目的，预设制度执行过程中可能出现的问题以及应对措施。否则，即使你的文采再好，那也不过是冠冕堂皇的条文，与现实情形背道而驰，无异于一纸空文。

二、制度的文件化。你不能当着下属的面做一次口头传达，就觉得那是团队制度了，更不能朝令夕改。严肃的制度必须以文件的形式予以明确，并确保制度的稳定性。你别小瞧这文件化的重要性，你要知道，在法律上，口头承诺永远没有契约具备法律效应。是的，你的团队制度或许涉及不到这么严重的问题，但意义上其实大同小异。你把它做成文件，把它放在每个下属每天都能看到的地方，那就形成了一种威慑性，它会每天提醒大家注意自己的行为，这样，效果就出来了。如果你不这样做，你只发布个口头命令，那别人记不记得住暂且两说，日子久了，大家头脑中的概念肯定会模糊，那么制度的威慑性也就模糊了。

三、制度的执行性。有了制度而无法贯彻执行，那便与没有无异。在制度的执行过程中，你要让手下的人知道，制度不仅仅是规范他们的行为，同时也是为了保障他们的利益和安全，是为了营造良好的团队氛围，以确保大家都能得到更好的发展，都能得到公平的对待，这样，你的下属才能认可制度，而不是抵触。同时，作为制度的制定者，你不能搞特权主义，不能觉得自己高高在上不受任何约束，你应该给下属一种"天子犯法与庶民同罪"的印象，这是很重要的一点，你能做得到，制度才会发挥更大的效用，团队的管理才能真正地提高。

最后一点非常重要，但其实也很容易做到，即，你所制定的制度必须符合国家的法律法规，不能凌驾于国家的法规之上。这一点若是出了问题，那你可真要面临大问题了。

另外还要提醒各位朋友，你手中的规章制度应该是与时俱进、适应时代变化的，这样才能发挥好管人的作用。也就是说，我们作为管理者，必须时刻注意本团队的规则，发现不切实际或不合情理的要及时纠正，不断改革，这一点很重要。可以这样说，一个好的规章制度，必然是不断发展、不断改革着的。这样的规则是活的规则，只有活的规则才有意义。

第二节 用人制度不完善，团队一定会散乱

如果说，一个组织能够呈持续发展状态，那么，其用人政策、用人导向一定起了很大作用。

团队之间的市场竞争、技术竞争、质量竞争、服务竞争、管理竞争等一切竞争，靠的是什么？毫无疑问，是人！这很好解释，因为归根结底，只有人才能对环境变化做出积极反应，并采取相应对策赢得博弈的胜利。所以说，一个团队若想在竞争中立于不败之地，最根本的做法就是吸纳真正的人才，并给予人才发挥才能的最佳环境。

然而在我国，某些企业管理者有"等"、"靠"、"要"的懒散思想。因为这类企业的产品是"皇帝的女儿不愁嫁"，所以其管理者竞争意识并不强，因而也就随之忽略了人才管理的重要性，致使大量人才被埋没，形成了人力资源的极大浪费，这是很让人痛心的。即使近年来，我国的经济增长态势颇好，但仍无法掩盖"劳动生产率低下"、"效率不高"、"用人结构不合理"、"缺乏竞争力"等管理中出现的漏洞。毫无疑问，如果想从根源上解决它们，唯一的途径就是——加强人的管理，建立完善的用人制度。这，已然是大、中、小、国营、私营企业管理者们当前亟须解决的首要问题，是大势所趋。否则，你所领导的团队就只会形同一盘散沙。

那么，什么样的用人制度才能称之为完善呢？举例给大家说明一下：

著名企业马克西姆餐厅的用人制度就十分讲究，他们对于员工严格任用、严格管理，使得每名员工都能养成很高的职业素养。

所谓严格任用，顾名思义，就是用高标准来要求员工，以事择人，绝不勉强；一旦发现用人上的失误和漏洞及时修正，绝不将就。在"马克西姆"，有着严格的任免制度，餐厅在提升和任用各级管理人员时，必须依据固有的标准，条件不够或不成熟者，绝不会轻易得到迁升。没有达到领班水平的，绝不能提升为领班，即使在领班短缺的情况下，也不可改变这一原则。这样做的结果是什么呢？他们最大程度地保证了每一级工作人员的水平，更保证了整个餐厅的服务水准。

所谓严格管理，主要是体现在各项规章制度上。"马克西姆"从卫生条件到服务，甚至到回答客人的各种问题，都有严格的规定。内容全面具体，任何员工都不得违反。例如有这样一条规定：对顾客提出的任何问题，永远不能回答不知道。如果遇到自己不清楚的问题，应向客人说明，马上去问，然后给顾客一个满意的答复。这在服务人员中已经形成了一种职业习惯，即必须尽力给顾客以满意的回答。大家可以想象一下，如果我们在这样的环境中就餐，要给人家评多少分？肯定低不了。那么，如果下一次我们还想吃西餐，首选又会是哪里呢？

然而，规章制度的建立并不困难，难的是长期有效地执行。马克西姆餐厅在这一点上，也有它自己的独到之处。虽然它们也像其他企业一样有着严格的惩罚条例，但它们更注重调动工作人员的积极性，使他们能够比较自觉地遵守各项制度。

当然，我们以马克西姆为例，更多的是希望大家能够认识到严格的用人机制对于团队发展的重要性，事实上每个团队都有其自身特质，不能"依葫芦画瓢"，照搬人家的东西。不过，总结起来，管理者在建立用人机制时，还是有一定的规律可循的，朋友们一起去看一下：

一、我们需要建立过硬的选用监督制度。这一点很重要，朋友们必须注意，人才的选用一定要严格谨慎地加以甄别，不可任人唯亲。只有这样，我们的团队才能选到真正的人才，才能促使人才最大限度地发挥自己的潜能，才能使人才真正成为团队发展的雄厚资本。

二、我们需要建立完善的用人保障机制。事实上，没有人可以一眼辨别出"庸才"与"人才"。人才潜能的发挥，需要一定的时间，需要一个渐进的过程。作为团队领导者，我们若想让人才充分发挥他的才智，就需要为他解除后顾之忧，给予人才生活上的保障。

三、我们需要建立完善的用人激励机制。一个良好的激励，能促使人发挥出更大的潜能，这一点毫无疑问。所以我们需要设法激发出团队成员的热情和潜力，让他们最大限度地发挥自己的才智，这样，团队才能得到更长远的发展，团队和成员才能够达到共赢。

四、我们需要把人才用在刀刃上。作为领导者，我们若想使人才成为团队发展的最大推动力，首先就要营造良好的用人环境，要纳贤、爱贤，要为人才找到适合其发展的位置，为各类人才充分发挥自身所长创造有利条件。

另外需要强调的是，当前，在选人用人中所存在的问题，并不仅仅是没有机制或是机制不健全，执行力不够也是管理中很大的一个败笔。事实上，很多好的机制恰恰是在"一片落实声中落空"。如果你不想这种现象出现在自己的团队中，就应该坚持当好选人用人的"看门人"。也就是说，我们应以身作则、秉公用权，在选人用人的问题上坚决抵制不正之风，不因私而忘公。即，凡是制度上明确规定的，一定要带头执行；凡制度所不允许的，一定要坚决摒弃，绝不可把制度当成可松可紧的"橡皮筋"，当成可揉可捏的"泡泡糖"。只有这样，我们才能切实维护选人用人制度的权威性和严肃性，将滥竽充数或有才无德之人统统挡在团队的大门之外。

第三节　如果没有竞争力，团队如何有生气

庄严的大海能产生蛟龙和鲸鱼，清浅的小河里只有一些供鼎俎的美味鱼虾。

人都有一种懒惰本性，倘若他们周而复始地重复着同一件工作，波澜不惊，他们就会麻木、就会懈怠、就会应付了事，这是令我们管理者极为头痛的事情。

毫无疑问，我们当然不能任由这种状态持续下去，因为这不仅是对他们个人，也是对整个团队的一种伤害。所以，我们必须让他们知道自己做得不够好；让他们知道，如果你不行，那么还有别人等着这份工作！没错，我们就是要他们感受到竞争的压力。

在这里，我们不妨先来谈一谈"竞争"。竞争，它可以说是推动一个社会、一个企业、一个人前进的主要动力之一。国际上为什么要

制定"反垄断法"？从某种程度上说，它就是在提倡竞争，因为有了竞争，社会才能有进步。我们完全可以这样说，英特尔如果没有 AMD 这个竞争对手的话，芯片技术的发展甚至可能要比现在落后十几、二十年；微软就是因为在操作系统领域一家独大，才会出现满意度极低的 Windows Vista 这类产品，而它的主要竞争对手竟然是过去自己开发的 Windows XP！

事实上，竞争带给人们的动力很多时候是我们无法想象的。以学生时代为例，不知朋友们有没有注意到这样一种现象？——大多情况下，学习好的学生成绩会越来越好，差的学生则会越来越差。这是为什么？因为名列前茅的几位都希望下次考试能超越前面的同学，而排在第一的那个自然感受到了压力，会更加努力保住自己现有的地位。但排在后面的就不同了，他们会觉得考好考坏都无所谓，因为没有人会跟他们争夺最后一名的"殊荣"。

在团队管理中又何尝不是如此？——如果说，我们能够让每名成员都感受到竞争的压力，那么他们自然会焕发出动力，力争上游，这样，整个团队都会变得越来越好；相反，如果说我们给不了他们这种压力，他们就会觉得无所谓，就会开始懈怠，因为每个人都是这样，没有什么可比性，这样一来，你所率领的团队就极有可能越变越差。

事实上到了今天，可能很多做管理的朋友都已经意识到了竞争的重要性，他们当然也希望通过某些手段来改变这种现状，于是开始在团队中添加一些激励政策。但这里有一个误区，很有必要提醒大家一下：

有些朋友会在自己的团队中设立"优秀员工奖"的年度评选，其初衷是为了激励大家更加努力地工作，但事实上，他们可能只激励了那一部分获奖的员工。为什么这样说呢？

因为这个评奖可能并不能体现真正的公平。很多管理者可能会设法通过工作手段使上一届优秀员工得主在这一次落选，目的是为了让大家都能"尝尝甜头"。这从平衡的角度上说，无可厚非，但从激励的角度上说，就显得不那么给力了。

综上所述，作为管理者，我们必须为自己的团队建立起良好的竞争机制，不单单是为了员工的个人成长，也是为了我们所率领的团队能够越变越强。否则，若不及时反省自己的管理原则，那么我们随时都有可能惨遭淘汰。事实上，当前国内许多企业办事效率不高、效益低下，员工不求进取、懒散松懈，从根本上说，就是缺乏竞争的结果。我们既然看得到，就不要让自己重蹈覆辙。我们可以在自己的团队中引入多种多样的竞争，例如，进行各种竞赛，如销售竞赛、服务竞赛、技术竞赛等；公开招投标；进行各种职位竞选；用几组人员研究相同的课题，看谁的解决方式最好；等等。还有一些"隐形"的竞争，如定期公布员工工作成绩，定期评选先进分子等。你可以根据本团队的具体情况，不断推出新的竞争方法。

但需要申明的是，不管你用什么方法，必须要注意竞争规则的科学性、合理性，执行规则的公正性；要防止出现不正当竞争，培养团队精神。因为竞争一旦走了形，不但不能激励员工，反而会挫伤员工士气。如果优秀者受到揶揄，就是规则出了问题，不足以使人信服。我们必须认识到，竞争中任何一点不公正都会使竞争的光环消失。如同一场裁判偏袒一方的足球赛，如果竞选某一职位，员工知道你们早已内定，还会对竞选感兴趣吗？如果进行销售比赛，对完不成任务的员工也给奖，能不挫伤先进员工的积极性吗？失去了科学与公正，竞争也就失去了意义。只有我们先做到科学公正，竞争才能达到效果。

另外我们还要有所准备，因为凡是竞争激烈的地方，有可能会发生不正当竞争，如：一些人不再对同伴的工作给予支持，背后互相攻击、互相拆台；封锁消息、技术、资料；在任何事情上都成为水火不相容的"我们和你们"；采取损害公司整体利益的方法竞争；等等，这些竞争势必破坏团队精神。团队的成功依赖于全体成员的团结、目标一致，而不正当的竞争足以毁掉一个团队。为了避免这种情况的发生，我们一是要进行团队精神塑造，让大家明白竞争的目标是团队的发展，"内耗"不是竞争的目标；二是要创造一个附有奖励的共同目标，只有团结合作才能达到；三是要对竞争的内容、形式进行改革，剔除能产生彼此对抗、直接影响对方利益的竞争项目；四是要创造或找出一个共同的威胁或"敌人"，如另一家同行业的公司，以此淡化、转移员工间的对抗情绪；五是要直接摊牌，立即召见相关人员把问题讲明白，批评彼此暗算、不合作的行为，指出从现在开始，只有合作才能受到奖励，或者批评不正当竞争者，表扬正当竞争者。

不可否认的是，竞争确有负面影响，尤其在员工素质较差时，可能会出现一种无序的恶性竞争或不良竞争，影响团队的发展。但竞争的好处是显而易见的，利大于弊，所以我们还是大胆地鼓励竞争吧！要知道，只有平庸的人才害怕竞争。

第四节　薪酬制度定不好，团队人才到处跑

想让一个人竭尽全力，最有效的方法就是让他觉得自己的付出与回报成正比。

目前，在市场经济全球化和中国经济高速发展的大环境下，很多企业都得到了快速的成长和发展。但与此同时，企业管理中也出现了不少的问题，管理水平的落后越来越凸显，尤其是人力资源，俨然已经成为管理者最为头疼的问题之一。于是常听做管理的朋友说："现在当个头儿可真难，一方面是招不到人，一方面招来人又留不住。"而你去问他们原因，他们又大多回答不到要点上。他们并不知道，导致自己手下人才流失严重的一个关键性因素就是——他们本身缺乏薪酬管理理念，不重视薪酬管理。

这是一个无须争辩的事实，在国内，薪资制度往往都是总经理、老板一个人说了算，很多企业确实没有形成合理、规范的薪酬体系；没有科学的薪酬设计；也没有固定、完善的薪酬框架，随意性很大。这些问题，在企业的起步阶段，尤其是对于规模较小的企业而言，影响并不大。但是，随着企业的不断发展，随着队伍的不断壮大，它的弊端就凸显出来了。简而言之，薪酬制度的不规范，直接引发了企业管理中的"格雷欣法则"现象的发生。

或许有朋友要问，什么是"格雷欣法则"？事情是这样的：英国经济学家格雷欣发现了一个有趣的现象，两种实际价值不同而名义价值相同的货币同时流通时，实际价值较高的货币，即"良币"必然退出流通——它们被收藏、熔化或被输出国外；实际价值较低的货币，即"劣币"则充斥市场。人们把这种现象称之为"格雷欣法则"，亦称之为"劣币驱逐良币规律"。

那么，企业管理中的"格雷欣法则"现象又是怎么一回事呢？给大家解释一下。目前，所有企业在薪酬或人力资源管理方面均可能发生与格雷欣所见类似的情形，而且实际生活中的例子亦屡见不鲜。这是由于企业在薪酬管理方面没有充分体现"优质优价"原则，高素质员工的绝对量尤其是相对量下降——这一方面表现为对自己薪酬心怀不满的高素质员工另谋高就；另一方面亦表现为企业外高素质人力资源对企业吸纳诉求消极回应。很显然，做管理工作的朋友都知道，这一般会导致企业低素质员工绝对量，尤其是相对量上升——一定数量高素质员工留下的工作岗位，需有更多低素质员工填补时尤其是这样。而且，这还只是薪酬管理"格雷欣法则"刚启动时的情形。

当然了，我们不能将所有高素质员工的流失都归结为"格雷欣法则"惹的祸。有时，高素质员工流失是由于用非所学；有时则由于个人的价值取向与企业主流文化存在难以弥合的差异，等等。但确有相当一部分高素质员工的流失，是由于薪酬或人力资源管理"格雷欣法则"的作用。具体表现为：

其一，在同一企业中，由于旧的人事与薪酬制度惯性等，一些低素质员工的薪酬等于甚至超出高素质员工，从而导致低素质员工对高素质员工的"驱逐"。

其二，在同一企业中，由于旧的人事与薪酬制度惯性等，虽然高素质员工的薪酬超出了低素质员工，但与员工对企业的相对价值不成比例。现阶段，这是低素质员工对高素质员工"驱逐"的一般情形。

很多做管理的朋友都知道，出现上述情况对于企业而言绝对是多害而少益的，但事实上它的确存在，而且还很普遍。究其根由，还是国人的传统观念太重，不管做什么总讲究个论资排辈，即便是面对管理这么重大的事情，也不能免俗。但是，很多事情尤其是对管理而言，有相当一部分"旧东西"是必须要替换的，否则不停地在老路上兜圈子，那早晚是要被淘汰的。所以我们建议大家：

一、树立新的薪酬观。做管理的朋友需要形成这样一种认识——把员工薪酬的提升看作是员工素质提高、企业兴旺发达的重要标志。大家不要觉得这是在自欺欺人，因为如果我们处理得当，那么薪酬提升是绝对可以启动员工素质提升与企业效益提高的良性循环的。

二、把薪酬调查作为企业薪酬管理不可忽视的环节，尤其是企业核心员工的薪酬调查。大家也不要忽略这一点，试问，员工最看重的是什么？没错，一定是自己的薪酬待遇，即便再忠心、再优秀的人才也不外如是。那么，当自己的薪资低于外界平均水平时，换做是你你会怎么做？答案已经很明显。所以，我们不仅要了解竞争性企业核心员工的薪酬水平，对其他行业核心员工的薪酬水平亦应有较为广泛的了解，这样才能对下属员工的薪资待遇进行及时的调整，以免他们心生怨气。

三、为员工提供有竞争力的薪酬，使他们一进企业便珍惜这份工作，竭尽全力，把自己的本领都使出来。这也就是说，对于人才我们可以为其提供高于业内平均水平的工资，最重要的是把他们吸引过来，并留为己用。对于我们而言，这是一种小付出，但却可以收到大回报——他们会用自己的能力为我们创造高出人力投资 N 倍的效益。

四、重视内在报酬。我们应该认识到，员工希望在工作中所得到的除了工资、福利、津贴和晋升机会等外在报酬外，还有基于工作任务本身的内在报酬，比如说对工作的胜任感、成就感、责任感、受重视、有影响力、个人成长和富有价值的贡献，等等。这些与员工的工作满意度密切相关，对那些知识型员工来说尤其如此，所以我们不得不重视。我们可以通过工作制度、员工影响力、人力资源流动政策来执行内在报酬，让员工从工作本身得到最大的满足。

五、让员工收入和技能挂钩。我们可以建立个人技能评估制度，以雇员的能力为基础确定其薪酬，工资标准由技能最低到最高划分出不同等级。这种评估制度的最大好处在于：员工会因此较多地关注自身的发展。

当然，在这里，我们只是给大家提供一些可供选择的、行之有效的建议，具体的方法和措施还有赖于朋友们根据本团队的实际情况去发挥自己的能力和才智。如果说大家运用得好，就完全可以让你的员工干劲朝天；但如果运用得不好，则只会适得其反。所以这里有必要再次提醒大家，我们在对员工执行薪酬制度时，一定要注意遵循以下几个原则：

一、公平性原则。员工对于工资分配的公平感，也就是对工资发放是否有公正的判断与认识，是我们在设计工资制度和进行工资管理时首先需要考虑的因素。这里的公平性包括三个含义：本部门工资水平与其他同类部门工资水平相当，本部门中同类员工工资水平相当，员工工资与其所做贡献相当。对此，希望大家心里有个正确的评估。

二、激励性原则。我们应根据优劣情况，在员工的工资水准上，适当拉开差距，以此体现出按贡献分配的原则。至于平均主义的"大锅饭"分配制度的落后性及其奖懒罚勤的负面作用，人们分析得已经很多了，这里就不再赘述。

三、经济性原则。提高工资水准，固然可提高其竞争力与激励作用，但同时不可避免地会导致人力成本的上升，所以工资制度不能不受经济性原则的制约。不过，我们在考察人力成本时，不能仅看工资水平的高低，还要看职工所能取得的绩效水平。事实上，后者对企业产品的竞争力的影响，远大于成本因素。也就是说，员工的工作热情与革新精神，对企业在市场中的生存与发展起着关键作用，若过多计较他们的工资给多给少，难免因小失大。所以，我们不能大手大脚，但也绝不要太小气。

说了这么多就是希望大家能真正认识到，合理的薪酬制度是充分发挥员工积极性的重要手段，是树立高度的工作责任感，以及推动目标执行到位的重要保证。我们对此绝不可以小觑，而做好这一点最基本的两个条件就是——管理者要客观、公正。

第五节 把好考评这道关，手下才能不闹翻

凭喜恶评定下属，极易人心背离；拿成绩向下属说话，说的才是硬道理。

咱们做管理的想必都有这样的体会——涨工资、发奖金、提拔与降级真不是一般人能干的事，绝对的出力又不讨好！稍稍有些差池，达不到他们的心意，这些人就会抱怨不停，甚至相互之间还会嫉来妒去，极大破坏了我们辛辛苦苦才建立起来的团队性和战斗力。

但不知大家到底有没有深入思考过——员工为什么会不满意呢？答案其实很简单，因为我们没有拿出有说服力的证据来说明：谁的工作出色，谁的不出色，出色的与不出色的到底差别有多大？这就像法官判案一样，你拿不出真实有力的证据，能不能定人家的罪？不能，定了人家也会上诉，而且很有可能会推翻你的裁定。同理，我们不能给员工出示相关的证明，又凭什么来判定谁好谁差呢？所以就算你的判定本身没错，对于员工而言也是站不住脚的。因为他们每个人都有自己的想法，都会"据理力争"。如果说我们一一去解释、一一去安抚，那么，你也就不需要再做别的工作了。

所以，我们必须拟定一个统一的标准拿给他们看。如果有人认为你的评定不合理——好，用统一的标准说话，只要这个标准是客观公

正的，想必任谁都会无话可说！那么，朋友们，这个标准是什么呢？没错，就是绩效考评。这是国际上公认的员工考核制度，它至少可以为我们提供以下 8 个方面的帮助：

一、为员工的晋升、降职、调职和离职提供依据。

二、组织对员工绩效考评的反馈。

三、对员工和团队对组织的贡献进行评估。

四、为员工的薪酬决策提供依据。

五、对招聘选择和工作分配的决策进行评估。

六、了解员工和团队的培训和教育的需要。

七、对培训和员工职业生涯规划效果的评估。

八、对工作计划、预算评估和人力资源规划提供信息。

显而易见，绩效考评能为我们解决最令人头疼的问题，就是为工资的调整、职务的变更提供有力依据。但事实上，它的用途不仅于此，另一方面它还可以让员工明白企业对自己的评价，自己的优势、不足和努力方向，这对员工改进自己的工作是有很大好处的。此外，绩效考评还可以在我们与员工之间搭建起一个正式的沟通的桥梁，促进我们与员工的理解和协作。

不过，对于新晋升为经理人的朋友而言，绩效考评绝对是一个难点。首先，它是对员工工作的一个客观评价，请注意！是客观评价，所以前提是你必须保证自己能真正做到公正、客观，单单这一点，想必就已经难倒不知多少"英雄汉"了吧？此外，这项工作是非常复杂的，它囊括薪金调整、奖金发放、职务升降等诸多直接关系员工切身利益的项目。

基于此，我们对于考评的制定、步骤、尺度及原则为大家做出了一个系统的归纳，请看：

一、考评内容

这是编制考评的第一步，朋友们在制定内容时，要注意体现以下两个方面的东西：

1. 公司的管理原则，即公司鼓励什么，反对什么。

2. 该岗位的工作要项。考评内容要抓重点，不能面面俱到，另外对于难于考评的项目也要谨慎处理。

另外提醒大家，绩效考评是考评员工的工作水平，所以员工个人的生活习惯、行为举止、个人癖好等内容不宜作为考评项目出现。如果这些内容妨碍到工作，其结果自然会影响到相关工作的考评成绩。

考评项目是客观考评还是主观考评，要根据被考评岗位的具体情况处理。如对项目组开发人员的考评，由于开发人员每个任务不可能一样，所以宜使用主观考评，如任务难度、任务紧迫度、协作精神、努力程度，等等。

二、考评的尺度

考评的尺度一般使用五类标准：极差、较差、一般、良好、优秀。也可以使用分数，如 0 至 10 分，10 分是最高分。我们在拿捏这个尺度时，鉴于不同的项目重要性的不同，需使用不同的分数区间；使用五类标准考评，在计算总成绩时也要使用不同的权重。

三、考评的程序

在对上述内容有了一个良好的拟定以后，我们就要制定相应的考评实施程序了。一般来说，考评实施程序可分为自评、互评、上级考评、考评沟通四个步骤。

1. 自评。顾名思义，自评即被考评人的自我评价，结果一般不计入考评成绩，但它的作用十分重要。自评是被考评人对自己的主观认识，它往往与客观的考评结果有所差别。我们通过自评结果，可以了解被考评人的真实想法，为考评沟通做了准备。另外，在自评结果中，我们可能还会发现一些自己忽略的事情，这有利于更客观地进行考评。

2. 互评。互评可以在部门内部员工之间进行，也可以由其他部门进行考评。如在一个人数较多的部门中，部门内部员工之间适合进行互评；如果人数少，而这些人主要是服务于其他部门的（如财务部、行政部等），适合由其他部门进行考评。

我们在组织员工进行互评时需要注意两个问题：首先，互评的项目只应是互评人有考评条件的项目，协作精神、努力程度等可以考评，某项工作的完成度则不宜考评（应由直接上级考评）；另外互评要不记名，并相互保密，这样才能保证互评的客观性和真实性。

3. 上级考评。很显然，这是我们的工作，至于如何考评，应根据具体团队的具体情况进行拟定，在这里我们就不多做赘述。但还是要提醒大家，在这一过程中，我们最重要的是要做到客观、公正。

4. 考评沟通。在考评成绩统计结束后，我们很有必要与员工做一次沟通，主要是通报考评成绩，并指出员工的优缺点和努力方向，指导员工改善自己的工作。

不过在考评沟通中，往往可能发生员工不认可自己某些缺点的争执，就是说你指出他的不足之处，他不服，非要你给出个具体说法。这要求我们在事前根据自评结果找出可能产生争执的项目，并对相关内容进行客观的广泛的调查。这样一来，在问题出现时，我们说出的话才能有理有据，最终要使员工接受考评结果。

四、考评的原则

作为管理人，做任何事我们都应有个尺度，把握好一个原则，考评也是一样；作为员工，他们希望自己的工作被上级承认并得到应有的待遇和事业上的进步，同时也希望被指导，从这种意义上说，他们是希望被考评的。为了使以上两点都得到满足，我们在对员工进行考评时，应该确立以下的原则：

1. 明确化、公开化的原则：即考评标准、考评程序和考评责任必须有明确的规定，而且我们在考评中一定要严格遵守、执行，同时，这些规定应在企业内对员工公开，这样才能令员工对考评产生信任感并接受考评的结果。

2. 客观考评的原则：考评应该在遵守上述规定的同时，以客观事实为考评的准则，避免加入我们的主观意识和感情倾向。

3. 单头考评原则：对员工的考评，如果我们是其直接上级，那么，由我们来做；倘若我们是更高层领导，那么交给他们的直接上级。因为只有直接上级最了解被考评人的实际工作表现。

4. 反馈的原则：考评的结果一定要反馈给员工，否则就不能达到考评的主要目的，而且，我们需要向他们进行解释并做出指导。

5. 差别的原则：针对不同考评结果的员工，我们应在工资、使用、晋升等方面给予差别对待，体现出考评的激励性，使员工受到刺激，并力争上游。这才是我们做考评的根本目的所在。

最后要对大家说的是，绩效考核只是一种管理的手段，本身并非是管理的目的，它的初衷是希望团队与成员取得共同的进步，所以我们不能单纯为了薪酬体系的规划设计才进行绩效考核。绩效考核的建立，应体现团队管理的公正性、民主性，并通过其结果的合理运用

（奖惩和待遇调整），激发团队成员的斗志与潜力，使其全身心地投入到工作当中。这就需要我们这些管理者加把力，设法使团队中的每个人都能理解绩效考核的真正意义，使绩效考核成为团队文化的一部分，这样才能最终实现团队和个人的共同目标。

第六节　制度落实不到位，一切努力都白费

纪律是一切制度的基石，组织与团队要长久存在，其重要的维系力就是执行团队纪律。

毫无疑问，组织的主体是人，而保障秩序不发生混乱的是制度。所以要把企业运作好，我们首先需要建立一套完善的制度。但制度制定下来了，得不到有力的执行，岂不是徒劳无功？所以这就要求我们这些做管理的首先要带头遵守，尊重制度的权威性。其次要让全体成员明确制度内容，让他们看到"没有规矩"的后果，该奖则奖、该罚则罚，以保证政令畅通，落实到位。

也就是说，在管理中，我们不能只求做个老好人，要严、严厉、"不讲情面"，管理团队就要这样。因为从某种程度上讲，任何团队要想让组织高效运行，就应该执行严格的管理政策，管理者就要以"铁手腕"严格执行既定的规章制度。

咱们中国有句老话"国有国法，家有家规"，我们制定出来的各

种规章制度，不能只是纸上谈兵，如果是这样，那要它有何用？所以手软是绝对不行的，它达不到你想要的效果。在这方面，英特尔的管理层为我们做出了很好的表率。

英特尔从创立开始就非常强调"制度"，处处都有清楚的规定，每天早上的上班制度，就是最明显的例证。在英特尔，每天上班时间从早上8点整开始，8：05分以后才报到的就要签名在"英雄榜"上，背负迟到的"罪名"。即使你前天晚上加班到半夜，当天上班时间仍是上午8点。这和20世纪70年代嬉皮盛行、个人享乐主义凌驾于一切的美国有些背道而驰，可是却延续至今，始终如一。

英特尔整个公司的管理制度都很严明，从制造、工程到财务，甚至行销部门，每件事情都有清楚的规范，人人都以这些规范来作为自己工作的准则。许多公司重视人性化管理，以重视员工为口号，只有英特尔强调制度胜于一切。这种注重企业自主管理的经验和方法，使英特尔的企业文化独树一帜。

大家看，这就是执行力的作用。只不过时至今日，仍有很多做管理的朋友认为"制度就是那么一回事，没有必要去较真"。但事实是：你不较真，他们就不认真！这几乎是世界上所有动物的一种惰性——他们没有了威胁，就会散漫起来。基于此，西方管理学家曾提出一个"热炉法则"，它的实际指导意义在于，当有人在工作中违反了规章制度，就像去碰触一个烧红的火炉，一定要让他受到"烫"的处罚。

这与奖赏之类的正面强化手段相反，属于反面强化手段，但其目的殊途同归，都是为了使下属更好地发挥自身的潜能。对于我们这些管理者而言，参考一下"热炉法则"有四大惩处原则是很有必要的：

一、预警性原则

热炉通红，就摆在那里，只要不是傻子，不用手去摸就知道炉子是热的，会烫伤人。这通红的"火炉"就好比纪律法规，是一柄时刻悬在团队每一名成员心头上、闪着寒光的"达摩克利斯剑"。纵然是我们这些管理者，虽权力在握，但也不可忘乎所以，必须对法则慎独慎微，让下属看看，让他们知道你也在时时想那通红灼人的"火炉"，这样从上到下，谁都不敢为所欲为了。

二、必然性原则

当有人触摸热炉时，无论是谁、采取什么的方式触摸，都肯定会被烫伤。换而言之，团队中的任何人，只要触犯了制度中的明文规定，就一定要受到处罚，这一点我们绝不能手软。事实上有时候，"树上有一只鸟被打死，其他九只鸟却吓不跑"。这些人就是抱着一种侥幸心理，以为自己摸了"热炉"，不一定会被灼伤。要抑制这种现象，我们必须彰显出制度法规约束力的绝对权威，使那些贪婪之人，掂量掂量炙热"火炉"的温度，他们也就不敢伸手了。

三、即刻性原则

当有人碰到热炉时，立即会被灼伤。在管理中，惩处必须在错误行为发生后及时进行。"刑罚不时，则民伤；教令不节，则俗弊"。要想铲除腐败之癌，"除恶务快"是很重要的一环。

四、公平性原则

"热炉"没有任何"弹性"，无论什么人，无论何时何地，只要触摸了"热炉"，都会被烫伤。"伸手必被捉"。只要做到"不辨亲疏，不异贵贱，一致于法"，除恶务尽，有邪念者就不敢再去触碰"热炉"了。

"巨壑虽深，兽知所避；烈火虽猛，人无蹈死。"看来，我们这些做管理的人，必须充分发挥"热炉法则"的巨大威力，使"作奸犯科"真正受到惩处和震慑，这样教育才有说服力，制度和监督才有约束力。那么在制定规章制度时，还有哪些问题不能忽视呢？

不过同时我们也要搞清楚，"不手软"并不等于滥施权力、粗暴蛮横地对待下属，一味显示自己的威信。我们对待下属，无论怎样严厉，都要讲一个公道，在处罚时要有条、有理、有根据，甚至要向他们解释清楚团队为何要制定这条规章，为何要采取这样一个纪律处分，以及我们希望这个处分能够产生什么样的效果。我们要知道的是，执行任何的规章制度，目的都是为了维护良好的秩序，而不是处罚本身。因此，你应该向你的下属表示你对他的信任和期望。在对违反规定的员工处罚完以后，要肯定他的价值，以向上的激情去鼓励他，以消除他对处罚的怨恨和郁闷之情。

此外还有一点需要提醒大家注意，很多朋友也许认为"这些规定谁都知道，没有必要整天把制度挂在嘴边"。事实上我们不能这样想，要知道，那些新来的团队成员，甚至有时有些老员工，直到自己违反了某项规定，才恍然大悟，才知道原来还有这样的一条规定。因此，加大对制度的宣传、学习，也是十分必要的。

当然了，作为管理人员，我们自己更应该明白以身作则的重要性。如果你没有这样做，那你就是在向其他人表示，制度只不过是一种摆设。这不是搬起石头砸自己的脚吗？

第七节 集体犯错也是错，有错绝对不放过

集体腐化比个人腐化具有更大的破坏性！

人们流传着这样一句话"法不责众"，其大意是指当某项行为具有一定的群体性或普遍性时，即使该行为含有某种不合法或不合理因素，法律对其也难予惩戒。虽然在法理上不存在法不责众的情况，但是在现实的管理工作中，法不责众这种观念确实会对我们产生一定的影响。

相信很多朋友都曾遇到过这样的情况——一些不被制度认同的行为已经具有了普遍性，逼得我们不得不从宽处理。这样一来，原本那些老老实实的员工也开始有样学样，原本的积极配合也就变成了消极应付——反正大家都是这样，反正即使这样也不会受到处罚；但如果我乖乖听话，岂不是成了"软柿子"，而且必然还要受到其他同事的嘲笑。于是久而久之，我们也没了办法，甚至只能听之任之，甚至我们还要宽慰自己——"自古以来法不责众，集体犯错不叫犯错！"

的确，法不责众这种思想在中国社会已经流传了很久，而且也确实被当权者使用过，而且现代社会也讲究民主，因此，少数服从多数倒也说得过去。但是，如果这个多数存在问题，甚至是很严重的问题，那么作为管理者，我们对于错误的放任自流叫什么？那叫渎职！叫懦

弱！叫愚昧！在今天，随着社会的进步，法治逐步深入人心，执法理念已经发生了根本的改变，如果我们抱守着"法不责众"的老观念不放，岂不是让人笑话？更何况，我们用尽心思制定那些制度是为什么？不就是为了合理地约束下属？如果它们都成了摆设，那会产生怎样的后果？相信大家都心知肚明。

所以，我们治下的依据必须是对真理的准确判断，哪边有真理，哪边就是对的，对的就赏，错的就罚，不管这个阵营的人是多是少。当然，有些心怀叵测的人可能很会蒙骗群众，以"多数"做后盾而提出无理要求。在这种情况下，我们可能会显得很孤立，但这并不可怕，我们根本无须对这样的"多数"妥协，因为这种孤立必定是暂时的。

举例说明一下：

某厂有个工人盗窃了厂里的木材，数量虽然不很大，但性质肯定是偷盗。因为这人是木工，平时上上下下找他敲敲打打的人很多，都与他有点交情，于是都为他求情，只有厂长坚持要依厂规处理。

有人就说："少数服从多数嘛。"厂长理直气壮地说："厂规是厂里最大多数的人通过的，要服从，就服从这个多数。"

一时间，厂长似乎有点孤立，但时间一长，理解和赞同他的人便越来越多，而偷盗厂内财物的情况也从此大为减少了。

还有一家商店，店面虽然不大，地理位置却相当好，但由于经营不善，连年亏本。新管理者一上任，便决意整顿。

他制定一系列规章制度，这样一来，就结束了营业员们逍遥自在的日子，因此遭到一片反对之声，新管理者被孤立了。但他坚持原则，说到做到。不到两年，小店转亏为盈。当年终颁发奖金的时候，一个平时最爱在店堂里打毛线，因而反对新规定也最坚决的女士说："嗯，还是这样好。过去结绒线，一个月顶多结一两件，现在这些奖金足可以买几件羊毛衫了。"

大家想想，如果以上两位管理者都选择了听从大多数人的意见，不加处理、不做整改，结果会怎样？毫无疑问，企业的不良风气定然会愈演愈烈，偷盗者会越来越多，懒散面会越来越大，规范和纪律势必成为一纸空文。到那个时候，做领导的难辞其咎，威信扫落一地，那才是真正的孤立呢！所以在这里给大家提两个醒：

一、法可以且应当责众

显然，规章制度的执行在某种程度上会与员工的利益发生冲突。如果说我们坚持法不责众，则意味着将冲突交由自己全权处理，较之规章制度，更倾向于个人判断。这极有可能会令下属对团队的规章制度产生怀疑，已建立起的秩序也有可能会因此发生动摇。反之，只有"依法办事"，才能保证规章制度的威严性。

二、法应善于责众

古希腊伟大的哲学家、科学家、教育家亚里士多德曾经说过："法治应包含两重意义——已成立的法律获得普遍的服从，而大家所服从的法律又应该本身是制订得良好的法律。"也就是说，我们要懂得"良法善治"，我们不但要保证制定出来的规章制度得到严格的遵守与执行，同时也要注意责众的方式与方法，将可能造成的伤害及导致团队不稳定的因素降到最低，毕竟一切制度的制定还是要本着"以人为本"的原则。

大家应该很清楚，其实每一个管理者所制定的策略，必然会有反对者。其中有对新策略不甚了解的人，也有为反对而反对的人。一片反对声中，我们孤军奋战，这种时候，你不能妥协、不能犹疑，要耐得住寂寞，扛得了孤立。

对于那些不了解的人，我们完全可以怀着热忱、抱着耐心，对他们晓之以理、动之以情，如果说这些人还明事理，那么要不了多久，他们就会从反对者变成拥护者。而对于为反对而反对的人，任凭我们怎样说，恐怕他们也是不为所动，那么就干脆将他们当成空气好了，你只要做正确的事情就可以了。

总而言之，如果说我们希望自己的团队能够保持真正的和谐，希望团队的风气能够持续地积极向上，希望团队制度的尊严能够得到保护，那么首先就要从自己的思想里剔除"法不责众"的陈旧观念，切实加大依法治下的力度，严惩"违法分子"。即，只要有人违反了团队制度，别管他是谁，也别管涉及多少人，都要做出惩罚，绝不姑息养奸，不应因牵涉人数甚多就心软、就手下留情，甚至是撒手不管，纵容心怀叵测之人打着"集体"的旗号，谋一己之私利。

第二讲　引领篇

精华论点：

约翰·基恩：公司的目标可以集中企业资源，统一企业意志，振奋企业精神，从而指导、激励企业取得出色的业绩，战略制定者的任务就在于认定和表明企业的目标。

开篇语：

"共同愿景"就是一个思想上的模子，它树立了团队成员的共同理想。共同的理想、宏伟的目标，是团队凝聚力的根源所在。"同舟共济"、"协同作战"、"合作意识"、"整体观念"、"补台思想"等，都会成为团队的主导思想。

第一节 带头大哥想多远，手下就能走多远

不比手下看得远，就不是一个成功的领导人，就不足以领导他人。

在一个团队中，我们是"大哥"，做"大哥"就一定要有远见，要有思考未来的能力。如果说连我们都鼠目寸光，那还能领导出驰骋千里、嗷嗷叫的"狼群"来吗？

有道是："物竞天择，适者生存。"在优胜劣汰的市场经济中，有多少企业就那样被无情淘汰？有多少团队就只能被迫解散？为什么会这样？我们不能怪市场、怪经济不景气，事实上，导致他们失败的一个很重要原因就是——"带头大哥"缺少思考未来的长远意识，他只看到眼前的局限发展，没有考虑到团队的长远发展，没有用进步的眼光、全球的眼光和时代的眼光来分析和思考问题，从而错失了一个又一个良机。机遇这东西我们知道，一旦失去就会造成无形的损失，一而再、再而三地失去，就会形成无法挽回的败局。

在管理学上流传着这样一个故事，说的就是远见对人的影响，很是耐人寻味，我们一起去看一下。

话说有 3 个年轻人结伴同行，去寻找发财的机会。在一个偏僻的山镇，他们发现了一种又红又大、味道香甜的苹果。由于地处山区，信息交通都不发达，这种优质苹果仅在当地销售，售价非常便宜。第

一个年轻人立刻倾其所有，购买了 10 吨最好的苹果，运回家乡，以比原价高出两倍的价格出售，这样往返数次，他成了家乡第一名万元户。第二个年轻人用了一半的钱，购买了 100 棵最好的苹果苗运回家乡，承包了一片山坡，把果苗栽种，整整 3 年时间，他精心看护果树，浇水灌溉，没有一分钱的收入。第三个年轻人找到果园的主人，用手指指果树下面说："我想买些泥土。"主人一愣，接着摇摇头说："不，泥土不能卖。卖了还怎么长果子？"他弯腰在地上捧起满满一把泥土，恳求说："我只要这一把，请你卖给我吧！要多少钱都行！"主人看着他，笑了："好吧，你给一块钱拿走吧。"他带着这把泥土，返回家乡，把泥土送到农业科技研究所，化验分析出泥土的各种成分、湿度等。然后，他承包了一片荒山坡，用整整 3 年的时间，开垦、培育出与那把泥土一样的土壤。然后，他在上面栽种了苹果树苗。

现在，10 年过去了，这 3 位结伴外出寻求发财机会的年轻人的命运迥然不同。第一位购苹果的年轻人现在每年依然还要购买苹果，运回来销售，但是因为当地信息和交通已经很发达，竞争者太多，所以每年赚的钱很少，有时不赚甚至赔钱。第二位购买树苗的年轻人早已拥有了自己的果园，但是因为土壤的不同，长出来的苹果有些逊色，但是仍然可以赚到相当的利润。第三位购买泥土的年轻人，他种植的苹果果大味美，和原苹果相比不相上下，每年秋天引来无数竞相购买者，总能卖到最好的价格。

这说明了什么？说明一个人的思想有多远，他就能走多远！管理也是一样，在一个团队中，只有当大哥的能够看清机遇，指明方向，他的这群手下才能顺着方向走向远方。

事实上，我们只要稍加留意就会发现，那些成功的领导者都是卓有远见的。微软公司之所以能够成为今天这个行业的霸主，与其总裁比尔·盖茨具有远见的领导力是密不可分的。在微软的历史上，比尔·盖茨曾两次凭借先行一步的深远谋略令对手胆战心惊。第一次是在1975年，他预言电脑将进入每一个平民家庭，微软由此开发出第一个远见计划的标志性产品——Windows95；第二次是在1998年，比尔·盖茨预见，在未来网络会变得越发重要，而PC不再只是孤立的存在，它将成为联贯网络的一系列设备中最重要的一种。当然，比尔·盖茨不只是说说，他是个实干家，他付诸了行动，最终证实了他独特远见的伟大成功。

著名的成功学大师卡耐基也曾经深有体会地说道："做生意要有远大的眼光，要配合时代的需要。只有这样，你才能成为一名称职的和优秀的商人。"大量的事实已经向我们证明：远见就是机遇，远见就是财富。一个管理者能否引领团队走向更好的道路，关键就在于他是否能够把握未来发展趋势，看清前进方向，对未来变化的走势、进程和结果做出正确的超前判断，从而趋利避害，抢抓机遇，掌握竞争的主动权。

我们要具备这种领导力，首先就要让自己成为思想者和战略家，我们需要充分利用团队资源，主导制定生动的规划蓝图，为你的手下提供清晰的发展方向。其次，我们还要成为这个领域的专家，对存在的机会与趋势、行业发展的脉搏、团队资源的现状做到心中有数，明确创造性和可能性。如此，如何实现远景规划的战略已经基本设定，接下来，我们就要具体到事实行为上。我们需要致力于培养整个团队的洞察力、判断力、预测力、决断力。如果你以及你的手下洞察到了问题，又能及时付诸行动，你们就能够占得先机。这就是有远见，它会为你的团队带来超额收益，你们的远见最终输出的将不止是一幅令人激动的图画。

不过，我们必须意识到，将远见变成现实不是一蹴而就的事情，它是一个过程，甚至可能很漫长。这与一次长途旅行颇为相似，在我们决定要外出以后，首先就要确定目的地，没有这个目的地，就不可能规划出最合适的旅行路线。当然，我们还要估算一下自己的资源，看看你所拥有的资本是否足以完成这次旅行，如果不能，那么量力而行。也就是说，实现自己的远见是要付出牺牲的，一般而言，离它越远，代价就越大，作为领导者，我们一定要把握好这个平衡。

第二节　拥有同一个梦想，才有同一片辉煌

"伟大的愿景是先于伟大事业的成就"，一个成功的团队应该是用一颗心脏跳动的。

人活着，如果没有一个清晰的梦想行不行？不行！那就会像没头苍蝇一样，四处乱撞，终其一生也难有成就。团队也是一样，一个团队若想走得长久，就必须清楚自己的目的地在哪儿，必须知道自己为什么要去那里。当团队中每一名成员都确信，自己的努力是为了达成一项伟大的事业，他们就会全力以赴，他们就能够在自己的工作中获得极大的满足感和成就感。

不知大家有没有听说过"汤普林定理"？这是 J. 汤普林在指挥英国皇军女子空军时说过的一段话——"通过统一一种力量，使这种力量产生叠加升级，从而统一各个分散的力量，就犹如磁石一样给别人一种凝聚的目标。要确定整体目标，须明共同利益；组织目标愈能反映个人需求，个人需求愈能促进组织目标。"

这个定理应用于现代团队文化建设很是适用，它与彼德·圣吉在《第五项修炼》一书中提出的共同愿景含义相同，都是在建议领导者为团队所有成员建立一种共同愿望的景象，让大家共同持有同一种梦想。这种局面一旦形成，就会发出一股强劲的感召力，创造出众人一体的感觉，同时遍布组织的全面活动，而使各种不同的活动融合到一起。这样的景象无疑是任何组织单位所要追求和期望的，这种高工作氛围可展现每个成员的个人才华，形成强大的合力。

"共同愿景"就是团队中每个成员所共同持有的"我们想要创造什么"的图像。当这种图像成为全体成员一种执着的追求和信念时，它就成了企业凝聚力、驱动力和创造力的源泉。

共同愿景能够唤起团队的使命感，团队由此看到了自身在社会中的定位，看到了自身的历史责任，成员也感到他们隶属于一个优秀的团队。共同愿景能使成员极具敬业精神，自觉投入，乐于奉献。因为他们看到工作本身对于他们的意义非同以往，它不仅是谋生手段，更是一种社会责任；他们在工作中充满激情和乐趣，也从中体会到了生存的意义。共同愿景能改变团队和成员的关系，所有的人会称团队为"我们的团队"，视彼此为实现共同愿景的伙伴，是生命的共同体。我们一旦把共同愿景建立起来，它就会像灯塔一样，始终为团队指明前进的方向，成为团队的灵魂。

"2010 年进入世界 500 强"——这是联想人的共同愿景，它激发出了无限的创造力和驱动力，所以，在经济的潮起潮落之中，联想才能始终立于不败之地。

联想总裁柳传志在说到人力资源管理的时候强调一个重要工作，就是建立一支稳定的、高素质的、对企业目标和企业文化有强烈认同感和归属感的员工队伍。企业文化认同对于维护整体、保持战斗力具有重要作用。因此，公司采取几种行之有效的措施来保证员工对企业文化的认同，在员工中形成共同愿景，增强企业的凝聚力。首先，新员工进入联想之后都要接受"模式培训"，深入了解联想的历史、现状，接受企业文化的熏陶。其次，联想人善于通过开会来统一思想，贯彻企业文化和经营理念、决策准则。通过这些朴素而行之有效的措施，联想已形成稳定的企业文化和一支稳固的核心员工队伍。

自创业之初，联想就抱定了"要把联想办成一个长久的、有规模的高技术企业"的信念，并逐渐为自己定下了更清晰的目标——到 2010 年力争进入世界 500 强。这个目标已深深植根于每个联想员工的内心深处，它就像一盏明亮的灯，指引着全体联想员工奋勇前进。

同时，柳传志总裁也有着独特的魅力，能够把大家凝聚起来，指引大家向着目标前进。柳传志自己也曾说过：对于联想管理核心而言，最重要的工作就是深刻理解市场运作的规律，认识企业管理的基本规律，并带动各层次的管理者共同认识。建立共同愿景是联想企业文化建设的一个重要环节。

同样地，建立共同愿景也应该成为我们团队建设中的一个重要环节，这一点毋庸置疑。不过需要提醒大家，我们在进行这项工作时，不要误以为它就是个人愿景或是部门愿景的单纯相加。从个人愿景上升到共同愿景这是一个循序渐进的过程，如果团队的发展仍旧停留在个人愿景的层面上，那么其简单相加反而会阻碍发展，不能形成一种统一的文化。

我们看到在很多团队中，其文化和信仰并没有从上而下地渗透，而是在不同的部门形成了不同的"文化"。每一个上司和主管完全按照自己的风格来确定部门的风格，并且都认为那是最优秀的。事实上，这种"上司文化"、"部门文化"是不可取的，它就只能造就平庸的团队，而像联想这样的伟大团队，它的文化则一定是单一的、统一的。

当然，这也不是说我们就可以完全弃个人想法于不顾，共同愿景应该是由个人愿景汇聚而成，借着汇聚个人愿景，共同愿景才能获得能量。有意为团队建立共同愿景的朋友，必须持续不断地鼓励成员发展自己的个人愿景，这也是团队文化中"以人为本"的思想。如果团队成员没有自己的愿景，那么他们所要求遵从的共同愿景就不会融合到他们的个人意愿之中，这就丧失了建立共同愿景的初衷。换而言之，使个人愿景上升为共同愿景，我们就不能大搞一言堂，不能你定下什么就是什么。原因是这样的，愿景通常是治标不治本的，而且不是由一个人的愿景汇聚而成的，通常这样传统的由上至下的行政性指导很容易导致愿景的破产。

这也就是说，共同愿景不是下属在我们威逼下的服从意愿，而是团队中每个成员发自内心的愿景汇聚而成的共同体。这就如同珊瑚虫们都在分泌石灰质，而这些行为有机地结合在一起，才能形成美丽的珊瑚。

而且，共同愿景也不是单一问题的解答。如果仅把它当作单一问题的解答，那么一旦士气低落或策略方向模糊不清的问题解决以后，愿景背后的动力也就跟着消失了，这就使愿景失去了"存活"的能源。

这可能是一个很复杂的过程，大体上说，我们在为团队设计共同愿景之时，还必须要注意以下几点：

一、共同愿景应划分为阶段性景象，以增强团队成员实现共同愿景的信心。共同愿景是一个组织确立的在一定时期内所希望达到的景象，是组织成员为之努力的总目标。在确立共同愿景的同时，应对其进行细化和分解，将愿景根据工作规律和特点划分为阶段性景象，由分景象组成共同愿景。

二、共同愿景应充分体现个人价值，增强员工的成就感。每个人都希望自己在人生舞台上事业有所建树，才华得以施展，情感得到尊重，这是所有个人愿景都应包含的。因此，对于这样的个人愿景必须鼓励和支持，平等对待成员中的每个人，彼此尊重，相互包容，形成一种快乐和谐的工作氛围。

三、在建立共同愿景的过程中，管理者应身体力行。一个团队或一个部门，犹如一艘航行于大海中的轮船，作为这艘船的管理者，应成为何种角色，是船长还是舵手，是摆在每一位管理者面前的问题。可以说船本身就像一个组织，如果本身结构设计不合理，再高明的管理者也难以驾驭。

总而言之，若想成为一个合格的管理者，我们必须使团队每个成员都相信团队愿景，而不是把它做成某句裱好了挂在墙上却无人注意的话，或是一个强加的指令。因为，它的能量源于内心，而非外在的强加。

第三节 团队若是没文化，后果一定很可怕

可能在很多具有传统观念的朋友看来，团队文化是十分虚化的东西，因为它不能直接产生效率和效益，而是通过对团队成员施加价值观和思维方式的影响，间接地提高生产力。不过在现代管理中，团队文化绝对不是个可有可无的东西。

在新时代中，决定团队兴衰成败的，不是资本的竞争力，而是文化的竞争力。优秀的团队文化是指导和约束团队行为的价值理念，是团队管理的灵魂，是团队发展到一定时期，在团队管理水平不断提高基础上的必然产物，是团队向更高层次发展的内在要求，是推动团队发展的内驱动力。它不是游离于管理体制之外的，其本身就是管理体制的重要组成部分，更是领导者管理理念的直接反映。

不可否认，如今，很多管理者都认识到了团队文化对于团队发展的重要意义，但仍有很多朋友对于团队文化的认识存在误区。他们认为，团队的文化就是自己的文化，自己设定一个什么样的文化、什么样的制度，团队成员就应该照葫芦画瓢。不管这个瓢是圆是扁，作为下属只管照样子画就好了。如果有什么疑义，那就是对自己的不忠、对团队的不忠，就该受到惩罚，甚至应该走人下课。

这种专制主义带来的后果是什么呢？毫无疑问，保住饭碗、保住

薪水是团队中每一个成员的基本想法，因此，对于这种强制性的团队文化，他们都是敢怒不敢言，长此以往，团队就形成了以领导文化为核心的团队文化。在这样的团队里，把大家"凝聚"在一起的共同基础不是真正的精神内核，不是共同的愿景目标和价值观，仅仅是薪水而已。

很难想象，这样的团队文化能给企业带来多少凝聚力和创造力。没有了凝聚力的团队还能坚持多久？还能走多远？

优秀的团队文化是这样的，它应该得到全体成员的认同，而每一名团队成员都应该是团队文化的创造者、完善者和体现者，而不是被动的承受者。如果说，团队文化仅仅停留在口头或者字面上，仅仅依靠严格的规章制度来强制下属遵守，那是不能称其为团队文化的。

作为管理者，我们必须认识到，文化与制度的区别就在于，制度往往是下属的对立之物，而文化则超越了制度的对立，成为下属的自觉之物。制度是一种强制力，而文化是一种更为强大的自然整合力。

文化的根本标志在于它的自动整合功能，它强大得无须再强调或者强制，它不知不觉地影响着每个人的思想和精神，从而最终成为一种自觉的群体意识。只有达到这种程度，一个团队的价值理念体系才可能被称为企业文化。

那么，我们要如何才能做到这一点呢？我们来看看下面这件趣事，或许能给大家提个醒。

据说有一个教官向一班学员讲授领导与管理的不同，他给学员出了一道题目："现在由你来领导本班，让大家全部自动走出室外，切记！要大家心甘情愿！"

第一位学员不知道怎么办才好，回到座位。

第二位学员对全班的学员说："教官要我命令你们都出去，听到没有?!"全班没有一个人走出室外。

　　第三位是这么做的："大家都听好了，现在教室要打扫，请各位离开!"但仍然还有一部分人留在教室内，值日生在待命扫地。

　　第四位看了纸片上的题目一眼后，微笑着对大家说："好了，各位，午餐时间到了，现在下课!"不出数秒，全教室的人都走光了。

　　这是每一名管理者都应具备的智慧——让别人为自己做事，而且是心甘情愿，该怎么说、如何说，都是一门艺术。用权威来压人或者讲大道理来说服，都不会收到好的效果。只有将自己的目的和对方的意愿或者切身利益结合起来，才能得到双赢的结果。

　　换而言之，对于一个团队而言，要想让所有人都能全心全意地热爱、信仰、遵从团队文化，最好的办法不是强制其全盘、被动地接受，而是让他们参与进来。只有他们自己参与了，有关他们的切身利益、自身目标和企业的利益、远景目标达成一致了，他们才会心服口服，认同团队文化。

　　大家不要把这想得有多麻烦，其实，建立有凝聚力的团队文化并不难，其真经就 10 个字：平等、尊重、信任、合作、分享。

　　具体实施起来，首先，我们要努力在组织和员工之间建立起一种长期的相互信任和相互依赖的关系。以长期雇用为出发点，以外部劳动力市场为依托，强调对成员个人能力的培养与开发，重视客观公正的绩效考核，注意保持报酬水平和报酬差别的公平合理性，强化组织与成员之间的互利合作意识以及一般成员的参与意识，才能得到他们的信任并最终留住人才。

　　其次，在各项具体的人力资源管理政策与实践上，注意积极推动团队的文化建设。主要包括：

1. 组织在制定每一项人力资源管理政策和制度的时候，都必须树立"人高于一切"的价值观，并坚持将这一观念贯穿团队的所有人力资源管理活动之中。团队及其管理人员必须承认，人才是企业最为重要的资产，他们不仅值得信任、需要被尊重和公平对待、能够参与决策，而且每个人都有自我成长和发挥全部潜力的内在动力。

2. 努力贯彻以价值观为基础的雇用政策。团队在招募和挑选新成员时，就应当注意执行以价值观（即符合团队文化要求的价值观）为标准的雇用政策。利用精心组织的面谈等手段判断和确定求职者的价值观（如追求卓越、合作精神等）与团队的主导价值观是否一致。

3. 为人才提供就业保障和相对公平合理的报酬。首先，团队尽量避免因外部原因随意解雇成员，从而为他们提供一种长期的工作机会。其次，团队为成员提供包括高于市场一般水平的工资奖金和额外福利在内的一整套报酬，并且使他们有机会分享团队的利润。这两个方面的内容都是要促使他们将自己看成是团队共同体中的一员。

4. 通过工作组织形式的调整和参与管理，在团队成员中创造一种团结合作和共同奋斗的价值观。这包括：建立组织与成员进行双向沟通的正式渠道和成员参与管理的办法，确保每名团队成员受到公平对待，并切实保障他们享有参与管理的机会。

5. 制定各种人力资源开发计划，努力满足团队成员的各种自我实现需要。不仅保证他们有机会在工作中充分发挥自己的技艺和能力，而且为他们提供长期发展的机会，注意从长期职业生涯的角度来帮助他们设计、实践个人的职业目标。为此，我们这些管理者应致力于广泛运用工作轮换、在职以及脱产培训、内部晋升、组织团队、绩效评价以及职业生涯设计等各种手段来帮助他们进行自我提高和自我发展。

当团队文化建立起来时，团队全体成员的价值观也就达成了一致，进而改变落后的、消极的思维方式和工作模式。于是，虚转化成了实，转化成了无往不胜的战斗力。

第四节　立好信念这面旗，团队才能不低迷

如果我们不知道怎样去鼓舞并带领他们冲击巅峰，那么这个团队就不会有太大的前途。

我们一再强调信念和精神的力量是巨大的，这一点毋庸置疑。就拿一个球队来说，技术最好、个人收入最高的球队不一定能取得胜利。竞技场上的最后赢家往往是那些有着强烈的求胜欲望和坚定的取胜信念的球队。所以对于我们这些管理者而言，信念管理是当务之急。

信念管理是基于彼此信任的基础上建立的一种领导模式。何谓信念？信就是相信，念就是观念，你一定要相信自己的观念。但现在有的人已不容易去相信一件事或一个人了，更不要说相信一个观念一辈子的事。什么是相信？相信应是内在、没有根据的，就因为想要达成，才会有一个动能出来，而观念就是激励你朝目标、理想迈进的原动力。

一位西方哲人曾经说过："每天我们看到的事都是我们相信的事，我们听到的事也都是我们相信的事；我们看不到我们不相信的事，我们也听不到我们不相信的事。"虽然这几句话有点绕口，但却很有意思。当我们看到一件我们不相信的事，我们不会相信那是真的；同理，当我们听到一件我们不愿意相信的事，等于我们没听到。真正的相信、信念来自于我们要去相信那样的观念。同样，理解信念管理也是这个道理。

"阿里，干掉他！"——这句话曾在微软公司风靡一时，甚至成为了一种口号。为什么会这样？其中有一个很经典的故事。

2000年微软年度报告会上，史蒂夫·巴尔默用讲故事的方式使聚集在一起的3000多士气低落的员工齐声高喊："阿里，干掉他！"当年，正是在这种排山倒海般的呼喊中，拳王穆罕默德·阿里赢得了他最著名的一次胜利，从乔治·福尔曼手中夺回了世界重量级拳击冠军。

当时，微软处境非常危险。司法部正因公司涉嫌垄断而对其进行调查，很多员工都担心微软会解体。焦虑和担心笼罩了整个公司。甚至有传言说，曾有微软的员工遭受过一些一心想要"通过自身的行动弘扬正义"的人们的言语和身体攻击。在此之前，微软人为自己衣服上和电脑箱上的微软标志感到骄傲和自豪，而现在，不管是在公司里还是在公司外，这些显示对公司忠诚的外在装饰很少能见到了。情况更为严峻的是，微软的竞争者们也威胁要削弱微软的市场统治地位。这些来自四面八方的威胁使公司的士气和竞争精神深受打击。

在报告会上，巴尔默首先播放了拳王阿里的那场里程碑式的比赛片段，在那场拳击赛中，阿里战胜了自己最强劲的对手。然后巴尔默用讲故事的方式向人们传达了自己对微软的信念，告诉众人他认为微软所能够展现出来的品质是勇气、灵感、责任、冲劲。没人能抵挡他故事的影响力。他热情而雄辩地指出，现在的问题不是我们有没有可能获胜或者是不是有能力获胜，而是我们有没有坚定的决心去夺取胜利！这让当时坐在那个阴冷的礼堂中的每个人都深受鼓舞，并触动了他们的心灵。这样一种决心与信念使每个人在离开礼堂的时候都充满了一种不可战胜的斗志。从那时起，"阿里，干掉他！"就成了微软员工间秘密的打招呼用语。很明显，在这次会议之后，你很难再找到一个不会尽心尽力、全力以赴工作的微软员工。

最终的结果显而易见，微软有惊无险地渡过了这一难关。当然，我们不能说是巴尔默对微软的信念起了作用。但是，我们掉过头来想想，如果没有管理者们的那种撼动人心、坚不可摧的信念，微软即使能够渡过危机，可它能发展到今天的这个样子吗？显然不可能。

信念之于团队，就像军队的军旗，只要军旗屹立不倒，战士就会奋勇向前，旗手将军旗插到哪里，战士们就能打到哪里。换而言之，一个团队领导及其下属成员心中共同的目标有多高、信心有多足、恒心有多强，就决定了该团队的发展速度有多快、事业能走多远。信念虽然不等于成功，但信念确实可以为团队的成功逢山开路、遇水架桥。

我们看到，不少团队也很勤奋，团队成员也很优秀，但成绩却总是不温不火，有些甚至不得不分道扬镳。为什么？就因为他们缺少信念，缺少对突破困境的强烈渴望，缺少对成功的强烈渴望。倘若他们能够心怀信念，又会是什么样子？结果一定要好得多。大家可以想想，朝鲜为什么能进巴西一个球？为什么原本想要看笑话的人反而会为朝鲜队呐喊助威？因为这个团队让我们看到一种信念、一种精神……以前《士兵突击》中的许三多为什么那样火？同样是因为他让我们看到了一种信念，信念这东西，或许恰恰是现代社会极为稀缺的。

所以，我们更应该带领我们的团队，将目标和理想看成是终生的追求，这样团队就不会失去动力，也不会随着时间的推移动力却慢慢地减小了。

第五节　团队目标要清晰，成员行动要统一

没有目标的团队只能走一步看一步，处于投机和侥幸的不确定状态之中。

如果说团队没有一个清晰的目标，那么大家不可能心往一块想、劲往一块使，那么这个团队就不会有很强的竞争力与战斗力，那么最终散伙的可能性就会很大。显然，这是每一个领导者一生也难以抹去的耻辱。所以说，为团队设立一个清晰明确的目标，这是我们、是每一个希望把团队做强做大的朋友，当前的首要任务。

目标之于团队到底有没有这么重要？你可能还带有这样的疑问，那么，我们不妨一起去看看沃尔玛的发展历程，相信你就会有所改观。

山姆·沃尔顿创立第一家廉价商店以后，他的第一个目标是——5

年内成为阿肯色州最好、获利能力最强的杂货店。要实现这个目标，他的店销售额必须增长 3 倍以上，从年销售额 7.2 万美元，增长到 25 万美元。结果在所有员工的努力下，这家店达到了目标，成为阿肯色州和附近 5 个州获利能力最强的商店。

沃尔顿继续为他的公司制定清晰的目标，十几年以后，他定出的目标是——在 4 年内成为年销售额 1 亿美元的公司。

很显然。这个目标又实现了。不过，他的目标仍在继续，而且也在不断实现着。于是，我们看到了今天这个享誉全球的零售业巨头。

其实不止是沃尔顿，那些优秀领导者都会为自己的团队制定清晰而准确的目标。又比如说通用电气前总裁杰克·韦尔奇，他刚刚当上公司 GEO 时制定的目标是——在我们服务的每一个市场中，要成为数一数二的公司，并且改革公司，使其拥有小企业一般的速度和活力。我们知道，这也实现了。

大量的管理案例已经向我们证明，清晰、具体的目标于团队而言，就是海航路上的灯塔，这个灯塔如果一直明亮地立在那里，那么我们的团队之舟就能满载而归；相反，如果这个灯塔忽明忽暗，或者说干脆灭掉，那我们不仅无法靠岸，甚至还有触礁的危险。

换而言之，我们的团队需要一个明确的目标，只有当目标确定以后，你及你的团队才知道向哪个方向行进。目标不明确，这会令你的团队成员无所适从。你想让他们心甘情愿地做事，就要让他们明白自己在做什么、为什么而做、这样做的结果又是什么。通常情况下，团队成员往往会因为完成了某个明确的任务，自然而然地生出一种自豪感，他们为了进一步满足这种自豪感，会更加卖力地工作。大家想象一下，那将是一种什么样的场面？

　　不过，我们也不要高兴得太早，这里还有一个问题——共同的目标建立以后，大家能不能形成统一的步调。什么是统一的步调？具体到行动之中，就是行动的方案选择。一般而言，要达成一个目标，会有很多种方案可供选择，因为每个人看问题都有独特的视角，所以即便是在相同的目标之下，大家所选择的行动方案也会有所不同。

　　很多团队在组建之初，都是情比金坚、无比团结的，但随着团队的做强做大，就出现了分歧，严重者甚至分道扬镳，这很大程度上就是因为大家的步调无法达成一致。其实对于大多数团队而言，目标一旦确定，是不会轻易改变的，但是随着行动的深入，大家在选择到达目标的路径时就极有可能出现分歧，于是你走你的路，我走我的路，虽然目标统一——都想把团队做大，但在这种情况下又谈何容易？

　　想必大家都知道一度传得沸沸扬扬的"柳倪之争"。他们的争端就是这样，一开始显然没有目标上的分歧，二人的目标是一致的，就是想把联想做强做大。令他们产生分歧直至不欢而散的，正是路径选择上的不同。柳传志想要带领联想走"贸工技"的道路，而倪光南则想带领联想走"技工贸"的道路，二人互不相让，才最终导致了两个人之间的权力斗争。

　　很明显，这只是一种战略上的分歧、路线上的争斗。其实仔细分析那些曾经闪亮一时、后来散了伙的团队我们就会发现，他们很少是因为权力斗争而分手的，大多数都是源自于战略选择的差异。而这种差异，确实能够毁掉一个团队的辉煌。所以，作为一个团队的领导者，我们若是真心想把它带得更加优秀，仅仅统一团队的目标还不够，还要统一团队成员的认识，统一他们的行动。如果说你做不到这一点，那么只能说你还不够称职。

不过，这也并不是说要你动不动就开除异己，那是什么管理？那是暴政！更何况，如果你是最高领导者，你或许还有这样的权力，但如果你只是个部门领导呢？如果说你上面还有一些管事的人呢？如果说你要裁掉的人和他们有密切关系呢？后果想必你是知道的。

再者说，每个团队在组建的时候，肯定都在成员数量方面做过规划，基本上都是一个萝卜一个坑，这样做既可避免人浮于事，又不会因人力匮乏而影响工作进度。如果说你大手一挥，凡是持反对意见者统统拿下，那么势必会给团队的正常运转带来很大影响，相信这也是我们所不愿看到的。

既然不能用杀手锏，又不可避免地存在统一目标下的行动分歧，那我们该怎么办？很简单，我们可以用沟通化解这个问题，这是每一个合格领导必须掌握的功课。你如果不去沟通会怎样？很可能有团队成员因为持反对意见而产生抵触心理，甚至故意不将自己的分内事做好，让你的方案出岔子，以此证明他的正确性。这个时候，你就得把各种方案摆出来，让你的组员共同来讨论每一个方案的利弊，最后选定一个大家都认可的方案。你要晓之以理、动之以情，用事实说话，才能让持反对意见者从内心里接受你的看法。

我们必须认识到，在一个团队里，有没有足够清晰的目标，目标确立以后路径能否统一，会直接影响这个团队的成败，因此，你必须花心思去关注这一点，并竭力使每一个人都走在同一条轨道上。

第六节 制策要有大局观，团队才能不侧翻

天有不测风云，时势多变，吉凶莫测，领导者倘若不懂得把握，又怎能保证自己及团队不遭遇"滑铁卢"？

领导者对于时局的掌控，决定着团队的生死存亡。领导者拥有战略眼光，能够统筹全局，制定合理的生存、发展策略，则团队兴；领导者鼠目寸光，缺乏机遇意识，或是对团队自身实力判断有误、妄自尊大，则团队必难长久。

所以说，作为团队领导，一定要有足够准确的大局观，在"狼多肉少"、群雄逐鹿的时局下，必须懂得"持经达变"，要随势而动，顺势而变。在这方面，三国诸雄的成败兴亡已然很好地说明了这一点，我们一起去看一下。

汉献帝时，张角喊着"苍天已死，黄天当立，岁在甲子，天下大吉"的口号，将那些对朝廷不满的民众召集在一起，向当权者发动了猛烈的攻击。然而，这正给了那些早已蠢蠢欲动的各路诸侯以可乘之机，一霎时，天下大乱，各路诸侯"齐心协力"，仅用 10 个月的时间便将张角领导的"黄巾起义"彻底镇压下去。但此时的局势已经失去了控制，各路诸侯都想拥兵自立，于是相互倾轧，汉皇室对此亦是束手无策，只能任其发展。在那个诸侯争斗、硝烟弥漫的年代，给人留

下印象最为深刻的，莫过于以下四人：

一、河北袁绍

袁绍出身尊贵，袁氏一门"四世三公"。袁绍初为司隶校尉，董卓专政时，被各路诸侯推举为反董卓联合军的盟主，但由于其本身缺乏号令天下的才能，再加上诸侯各怀异心，联合军不久即瓦解。此后，在汉末群雄割据争夺战中，袁绍先是占据了冀州，而后又夺下青、并二州，并于建安四年消灭割据幽州的公孙瓒势力，这是他一生中最为辉煌的时刻。

这时的袁绍已有些志得意满，野心勃勃，攻伐各路诸侯，窥觊神器传国玉玺，在袁术势败之后几欲称帝。其野心天下尽知。这恰巧给了曹操口实，于是后者打着"匡扶汉室"的正义旗号，兴兵问罪。袁绍本身缺乏政治才能，有才而不能用，不得人心，且于理有失，又树敌太多。终究在官渡一战被曹操击得溃不成军，从此一蹶不振，郁郁而终。

二、山东曹操

曹操出身不好，其父曹嵩为宦官曹腾养子，其家族可以说是借宦官的势力在朝中谋得了一席之地。曹操20岁时，被举为孝廉，入洛阳任洛阳北部尉，因申明法纪得罪当朝权贵宦官蹇硕等人，被明升暗降，调任顿丘令。从此远离皇城，看上去似乎已难有作为。

黄巾之乱给了曹操崭露头角的机会，他被拜为骑都尉，与黄巾军交战于颍川，大捷，斩首数万级，因公迁为济南相。中平五年，汉灵帝为巩固统治，设置西园八校尉，曹操因其家世被任命为八校尉中的典军校尉。

董卓之乱时，曹操见董卓倒行逆施，知其必不久矣，于是自告奋勇刺杀董贼。虽未成事，但赚了个好名声。事后归陈留，"散家财，合义兵"，首倡义兵，号召天下英雄共讨董卓，于是天下诸侯纷纷应身而起。曹操虽有首倡之功，但却甘居人下，推袁绍为盟主，自任代理奋武将军。盟军解散后，曹操回归山东，组建青州兵，割据一方。

董卓为吕布诛杀以后，因司徒王允不赦李傕、郭汜等人，致其再次叛乱。曹操带兵勤王，挟天子以令诸侯，从此朝纲独断，以皇帝之名东征西讨，威震天下，各路诸侯，唯其势大。

三、江东孙权

孙权是将门之后，据传，其祖上便是春秋时期大军事家孙武。孙权的父亲孙坚、兄长孙策都是当世虎将，孙坚"勇挚刚毅，孤微发迹，导温戮卓，山陵杜塞，有忠壮之烈"。孙策人称"小霸王"，他"英气杰济，猛锐冠世，览奇取异，志陵中夏"，但太过急躁，有时也过于武断。这二人皆因性情太过刚烈、急躁，死于战乱之中，令人惋惜。

孙权的性情与其父兄大不相同，他能容忍，善谋断。接管江东以后，并不急于挥兵为父兄报仇，而是首先安定自己的后方，以便对抗曹操，在稳固自己的领地以后，才等待有利时机，四处征讨。赤壁一战，孙刘两家大破曹操，孙权最终将长江两岸广阔的领地据为己有，成就了自己的霸业。

四、西蜀刘备

刘备有皇叔之名，但亦有人认为他是以此为噱头，抬高自己的身价，令自己师出有名，而当时的皇帝急于用人，自然也便认可了这一点。

三国中，刘备出场时只是个卖草鞋的小贩，一番慷慨陈词感动了关羽、张飞，三人歃血为盟，结义桃园。张飞变卖家产，组建了一支小小的义军，打着"匡扶汉室"的名号，加入了讨伐张角的行列。是时，刘备的势力几乎可以忽略不计，各路诸侯若有心灭掉他，简直不费吹灰之力。

所以，刘备的前半生是颠沛流离的，他先后归附过公孙瓒、陶谦、袁绍、刘表，甚至亦曾屈居吕布之下。但正是这种不与人争的做派，使他的势力在乱战中得以保全，并逐步发展壮大。后联吴抗曹，占据荆州为根据地，徐图两川，终可睥睨天下。

企业领导者对于时势的把握以及策略的制定，绝对会影响到企业的兴衰成败，这一点上述四人已经为我们做出了很好的诠释。譬如袁绍，他其实是有一些聪明的，在混乱时期，能够乘势而起，并成为威震一方的霸主，这确实非常人所能及。但他在后期的策略制定上，则出现了明显的失误。他太骄横跋扈，急功近利，在自身实力尚不完备，各路诸侯实力尚存的情况下便急于称帝，这使他成了众矢之的。曹操以"仁义之师"兴兵讨伐，占尽人和之势，袁绍内部失和，外敌又多，焉有不败之理？可怜一代枭雄就这样成了"出头鸟"，反给曹操做了嫁衣裳。

袁绍的教训是很值得领导者深思的，企业的发展是一个循序渐进的过程，尤其是那些处于兴建之初、根基未稳的企业，最好不要过于张扬、过于激进，以免自吞苦果。其实魏蜀吴三国的发展壮大之路，对于领导者而言就是一个很好的模板，我们一起去学习一下。

一、韬光养晦，发展实力

有道是"万事开头难"，企业创立之初，无论财力、人力、物力，还是所掌握的客户群，与同行业成熟企业都不可同日而语。这时的企业仍处于襁褓之中，可以说是弱不禁风的，很难抗拒外力打击。领导者在这时应施用"韬晦策略"，低调行事，巩固自己的后方实力，一点一滴积累经验与财富，在自己尚未足够强大之前，切不可表现得过度高调，以免遭致同行业竞争对手的打压，更不可向那些成熟企业发起挑战，以免伤敌一百、自损八千。这亦是孙权的发展策略。孙权接手东吴之初，境外诸侯乱战，曹操已日渐成势，境内孙策新丧，百废待兴。可以说，这时的孙权正处于内忧外患的困难境地，倘若穷兵黩武、加入混战，那么其势必不久矣。于是，他索性坐山观虎斗，趁别人打得难解难分、无暇窥觑江南之时，休养生息，养精蓄锐，时至曹操平定中原，他已然无声无息地在江东培养起一股难以撼动的势力。

二、甘居人后，追随竞争者

在企业实力尚不够雄厚之时，"追随竞争者"对于领导者而言，是一项不错的选择。这要求领导者具有一定的隐忍性格，能够安心居于次要地位，在战略上追随那些成熟企业。如此一来，他们有了新的技术和经验，我们拿来学习和改进；他们开拓出新市场，我们来搭便车；倘若是市场上出现了风险，那自然是先由他们这个"个大"的顶着。在追随的过程中，企业领导者通过观察、学习、借鉴和模仿，不断强化企业硬件，便可达到发展壮大的目的。这一招刘备用得很妙。天下大乱之时，刘备空有"皇叔"之名，实无势力可言。倘若他自扯大旗，明晃晃地与天下诸侯争锋，恐怕第一个被灭掉的就是他，于是，他索性当起了追随者，寄身各路诸侯阵营之中，先求一个自保。而那些不可一世的诸侯俨然成了他的挡箭牌：公孙瓒与袁绍交恶，兵败如山倒，困于危楼，引火自焚，刘备后投陶谦；陶谦病死，托徐州于刘备，诸侯眼红，袁术发兵攻刘备，吕布逆袭徐州，刘备甘愿让出徐州，居吕布之下，于是吕布为曹操所破，刘备又躲过一劫；随后，刘备逃出许昌，转投袁绍，袁绍遭曹操讨伐，官渡一战势力尽失，郁郁而终，刘备漂泊一阵又归附刘表；刘表病死，曹操挥兵而来，刘备深知自己的实力不足以与曹操抗衡，弃荆州而走，刘表次子刘琮率部降曹。刘表长子刘琦，迎刘备于江夏，同归夏口，曹操大军压境，生死关头，刘备又与东吴联姻，两家合力抗曹，至此，刘备才结束寄人篱下的生活，事业也逐步步入正轨，并发展壮大起来。细看之下，我们不难发现，刘备所归附的每一方诸侯其下场都不怎么样，唯独他虽然四处飘零，但保存了实力，赚足了名声，为日后的发展已然打下了一定的基础。我们甚至可以这样说，刘备是让他人出头挡灾，而自己躲在后面捞好处，做大自己。要不然，曹操待他也不薄，他为何费尽心思逃出许昌？因为曹操是枭雄，是不会让他当盾使、给他做大的机会的。

三、因势制宜，顺势而行

企业的命运与时势紧密相连，领导者唯有胸怀大局观念、善于审时度势，才能挖掘出自己的全部潜力，推动企业的发展。一份事业最终能否做强做大，很大程度上决定于企业领导者能否准确判断时势，在整个局势的盘算中看出必不可易的大方向，并知道如何"照这个方向去做"，这样的领导者才能使自己立于不败之地，这才叫看得准。孙权与刘备在这方面都有其独到之处，但相较之下，曹操的策略则更像是一个大手笔。曹操平定李傕、郭汜之乱以后，实际上已经掌握了中央大权，下属中亦有人劝他取而代之。但曹操深思熟虑，他深知，天下诸侯实力尚存，名义上又都尊崇汉朝皇室，自己倘若贸然称帝，无异于与天下为敌，势必遭致诸侯的合力讨伐，打将起来，自己绝讨不到什么便宜。于是，他退而求其次，表面上仍以汉皇室为尊，但实际上朝纲独断，"挟天子以令诸侯"，借用皇帝之名颁发诏书，调动各方诸侯，配合自己东征西讨。在这种有利条件的支持下，天下诸侯莫不能触其锋，曹操的势力就这样理所当然地壮大了起来。

经过以上分析我们可以看出，曹操、刘备、孙权三人之所以能够剪除其他诸侯势力，三分天下，其根本就在于对于"势"的把握。势就是时局，能够看清时局的人"胸有百万兵"，可运筹帷幄，决胜于千里之外；看不清时局的人不识时务，逆势而行，其结果可想而知。

也就是说，企业要生存、要发展，领导者必须练就从宏观上把握形势的能力，能够从整体上对客观世界进行分析，能够从不同角度、借助不同的思维方式去阅读问题，从而找出办事的最有效方法。倘若时机尚不成熟，就积极准备、积蓄力量，形势不明时不妄动，时机成熟时便动若狡兔。显然，这一切都需要对内部条件及外部环境有一个准确的把握，如果不能做到心中有数，那么我们这个领导者就不能称之为"合格"了。

第七节　有了决策不执行，终究还是一个零

再好的决策，如果不能执行下去，那也是毫无意义的。

在狼群中，服从绝对是个不容置疑的问题，因为只有这样才能保持强大的攻击性，也只有这样，狼群才能在激烈的生存竞争中立于不

败之地。狼群拥有如此强悍的执行力，首功当属阿尔法公狼，它有着极强的率队能力和决策能力，正是它，将狼群训练成了强有力的执行组织。

作为管理者，我们理当具备阿尔法公狼的能力和气魄，无论是管事还是管人，都是立足于"管"。我们必须紧抓不放的一个原则，就是做到令必行、禁必止，也就是执行力。只有这样，企业的主导思想才能迅速化为员工的具体行动，我们才能管出效率、管出成绩。

对一个特定的管理者而言，执行力主要体现为一种总揽全局、深谋远虑的业务洞察力；一种不拘一格的突破性思维方式；一种"设定目标，然后坚定不移地完成"的态度和行为；一种雷厉风行、快速行动的管理风格；一种勇挑重担、敢于承担风险的工作作风等。

大部分管理者都乐于布置任务、作决定，但真正有效的管理者却都擅长使布置下去的任务和作出的决定得以执行。要改善执行部门的执行力，就要把工作重点放在这个部门的领导者身上。可以这样说：一个好的执行部门能够弥补决策方案的不足，而一个再完善的决策方案，也会死在滞后的执行部门手中。从这个意义上说，执行力是企业管理成败的关键。

可能有不少朋友都存在一种认识上的误区，我们无意识地将目标与策略、步骤、方法、措施等同了起来，认为自己制订了企业的发展目标，就等于做好了实施策略、步骤、方法和措施的保障。正是这种错误的认识造成了企业执行力的薄弱。目标只是企业的发展方向，是一种主观的愿望，而如何采取一些恰当的方式来达成这些目标，才是保障执行的策略、方法和措施。仅仅依靠目标是无法推动员工有效执行的，因为每个人对如何达成策略目标的理解是不同的。在采取执行的手段上也会因人而异，这种情况都使得目标在执行过程中存在非常大的不确定性，从而造成企业目标在执行过程中的巨大偏差。

所以，执行力的关键在于保证企业员工行为的一致性，而这种一致性并不是来自于目标，而是来自于正确的策略、方法和措施。作为企业管理者，这是我们需要面临的另一个重要问题。很多企业的整体策略、方法和措施都在管理者一人的大脑中，平常都是通过管理者与员工之间的沟通来推动执行的。这就存在一种状况：经常沟通的员工容易理解管理者的意图，不常沟通的员工只能依靠自己的理解来行事，其后果自然会造成很大的偏差。问题在于，依靠口头沟通的方式无法将策略、方法和措施正确转化为一致的行动。我们必须要通过规范化的形式来完善执行体系，保证企业每一个员工都能够按照正确的策略、方法和措施来展开行动，不能按各自的理解来做事。

那么，我们怎样才能增强下属的执行能力，不让指令成为一纸空文呢？我们需要这样做：

一、保证发出的指令清晰、有效。管人的基本要求是发出的指令要正确，这是有效执行的基础。发出一个指令是容易的，但要做到清晰、正确，让下属有效接收到，则可能存在困难。首先我们发出指令时，用语应准确、简明扼要，多用数据，少用模糊语，尽量具体到时间、地点、任务要求、协作关系、考核指标和考核方式等详细内容。这样下属才能对同一指令产生相同的理解，才会产生一致的行动。

二、保证指令具有稳定性。如果朝令夕改，指令变化太快，缺乏稳定性，下级必然找不到方向感，不知从何着手。这也会让下级对我们产生不信任感，工作自然难以管理和控制。因此，我们在发出指令前，应经过深思熟虑，仔细审查指令的可行性，在执行中可能遇到的

阻力，以及应对策略，等等。向下级解释清楚指令的内容和要求执行的原因，以统一全员的认识。如在执行过程中发现指令有不切实际的地方，应因事因时而异，区别情况采取不同的补救措施，立即更正发现的原则性错误。

三、加紧检查、监督，落实指令。再正确有效的指令如果得不到落实，等于没有指令。当然加紧检查、监督，但是定期或不定期的检查并不妨碍我们的主要工作。只有实地检查，才能清楚下级的真实执行情况，有领导监督，下级在执行时就不敢懈怠。

艾柯卡在担任福特汽车公司总经理和克莱斯勒公司总裁期间，为了加强质量控制，他采用季检查制度。每个季度末，管理者都要与直接下属下级坐在一起沟通一次，检查下属上个季度的工作进行和目标完成情况，并规划下季度的任务。彼此达成一致后，下级写出可以完成的目标，上级签名以示生效。这种方法虽然简单却很有效。

四、强化执行。检查、监督之后，对于下属执行得好的方面，应采取措施加以强化。比如给予奖励和表彰，鼓励优秀者再创佳绩。对执行得不理想的，根据实际情况，采用不同办法纠正偏差。

此外还要提醒大家，企业由不同的部门和员工构成，不同的个体在思考、行动时难免会产生差异。我们若想使不同的分力最终成为推动企业前进的合力，还是要依靠企业文化，那种"领导说啥，就是啥"的盲目服从，不计后果、不顾大局的冲动鲁莽，说一不二、大搞一言堂，对待下属的简单粗暴，等等，都不是我们需要的执行力。这样做只会使企业陷入非左即右、矫枉过正的泥潭。

第三讲　修己篇

精华论点：

曾仕强：管理的起点，是"修己"。管理者自己修治自己，正己然后可以正人。管理者修己，不是为了做圣人，而是非如此不足以服众，是唯一的途径。

开篇语：

管理者要想管好下属，必须以身作则。示范的力量是惊人的。作为管理者，应事事为先、严格要求自己，做到"己所不欲，勿施于人"。一旦通过表率树立起在下属心中的威望，将会上下同心，大大提高团队的整体战斗力。

第一节 君不端鲜有良臣，己不正焉能正人

当你不能管理自己的时候，你便失去了所有领导别人的资格和能力。

孔老夫子曾经这样对鲁哀公说："政者，正也。君为正，则百姓从政矣。"唐太宗李世民也说："若安天下，必须先正其身。"这两位先贤很有默契地达成了一个共识——律人之前定要先律己。

不过，如今很多做管理的朋友似乎并不这样想，他们可能觉得自己就是一个团队的"老大"、就是"土皇帝"、就是"特权阶层"。于是，总是一味地去要求员工，却放纵自己。结果，员工都被他们带坏了。有些朋友可能不认同这种说法，可能会申辩：我教过他们怎样做一个好员工！但你不知道"为人师表"这个道理吗？人，很容易受到"权威"的影响。上学时，对他们影响最大的是自己的老师；参加了工作，他们就很容易对领导有样学样。他们的眼睛会一直盯着你，他们看到你做的比听到你说的效果要大得多！

事实上，任何一个团队想要获得成功，其领导者都必须是懂得自律的，他们是最严格的自我监督者，无论要求什么，都率先从我做起。这种精神，会在团队内形成极大的感染力，让下属打心眼里服从，这样的领导，其威信又怎会不高？这也正是三洋公司总裁井植薰"欲律

人先律己"的精髓所在。

井植薰常说："不能制造优秀的自己，怎么谈得上制造优秀的人才？优秀的管理者才能制造出优秀的人，再由优秀的人去制造优秀的商品、更优秀的自己和更优秀的他人，这就是三洋的特色。"

井植薰这种极度体现自律精神的经营哲学，感染了三洋公司的全体员工。他是这么说的，更是这样做的。自从成为三洋的董事长、总经理的那一天起，他就从来没为自己格外制定什么标准，要求别人做到的，他自己首先做到。对于公司的规章制度，他也是极力遵守，从不纵容自己越轨。例如，当时三洋公司推出的力戒"去向不明"政策，井植薰就带头遵守。当时还没有手机等先进的通讯设备，一旦有什么紧急的事情要找什么人员，而他不在公司也不在家，没人知道他的去向时，往往会误大事。所以，针对这一情况，井植薰要求所有的人员外出，必须让公司知道。井植薰每次外出，必定让公司的其中一个人知道他的去处，即使是私事也不例外。这样，这项制度，就在当时的三洋公司推行开来，全体员工没有任何怨言。

井植薰要求员工尽力为公司考虑。他认为，如果一个职工下班后一跨出公司就只过自己喜欢的生活，那他一辈子也不可能被提升到重要的职位上。员工应该站在更高的层次上来要求自己、完善自己。在这一点上，井植薰也是这样要求自己的。对于他来说，一天除了睡觉之外，其余时间都在考虑公司的事情。

井植薰在教导员工"如何做"时，总是要求自己能率先做到。正像他在一次谈话中所说的那样："管理者如果以为公司的规则只是为普通员工制定的话，那就大错特错了。它应该是全公司的人都必须遵守的规矩，包括部门经理、总经理、公司总裁、董事长等高层管理者。

如果因为自己是高层领导，下面的事有人代替去做，就以为迟到几十分钟无关紧要，那是绝对行不通的。大家都听过上行下效吧？前面有榜样，后面就有跟随者。这种模仿，长久如此便会造成公司上下的懒散作风，这足以让一个前景大好的公司面临失败的深渊。"

有一次，一位记者问他："您现在年事已高，还以身作则，会不会太累？"

井植薫回答道："再累也得坚持啊！不以身作则，对部属就不可能有号召力和感染作用。我作为三洋的董事长、总经理，在国内有7万双眼睛盯着我看，大家都在注视我的行为，我必须得谨言慎行，不能有半点失误。"

榜样的力量是无穷的，员工随时随地都在看着领导。正是井植薫这种以身作则、身先士卒的表率精神，让三洋公司的员工都不满足只做好本职工作，从而使每一个提升的人都成为大家的榜样；榜样又严于自律，努力影响着别的员工，使大家都成为"优秀的人"；"优秀的"三洋人，又生产出"优秀的"三洋产品，三洋企业才得以取得辉煌的成就。

事实上，那些真正的卓越管理者，都是像井植薫先生一样，能够通过自己的榜样作用影响别人，他们会通过这种方式使员工成为自己的追随者，跟着自己冲锋陷阵。他们会以此来鼓舞员工朝着团队的预定目标迈进，给予他们追求成功的力量。

我们需要认识到，下属的一些行为，其实大多是管理者自己做过的。所以，如果我们不希望在员工身上看到哪些问题，那就请先看好我们自己。有句俗话说得好："山羊领导的狮子是永远也打不过由狮子领导的羊群的。"作为管理者，我们不能只满足于分派任务，一定要身体力行、严于自律，才能带领团队突破困境，实现团队的目标。
朋友们请记住：己不正，焉能正人？

第二节　强将手下无弱兵，精英才能带精英

企业没有无能的员工，只有无能的领导。

　　拿破仑·波拿巴曾用"一头狼率领的千头羊群，一定胜过一头羊率领的千头狼群"来形容"千军易得，良将难求"。中国有俗语"兵熊熊一个，将熊熊一窝"，说的也是优秀将领对整个团队的重要性。有道是"强将手下无弱兵"，我们这些做管理者的，在员工心目中就是一方上将，如果说我们这员大将有气魄、有能力，临阵对敌英姿勃发，那么我们的下属就会成为一群"嗷嗷叫"的士兵；如果说我们这些为将者本身就很无能，那么下属想必也厉害不到哪儿去。

　　一个国家且不管是大是小，首先国王不能弱，我们纵观中国历史就会发现，当皇室暗弱、帝王沉沦之时，这个王朝离覆灭的日子也就不远了。再看那些开国之君，如嬴政、如刘邦、如刘彻、如李世民、如朱元璋等，哪一个不是强悍之人？现代团队也一样，一个团队强不强，其领导者是关键，尤其是对于刚刚组建的团队而言更是如此。国内目前数一数二的团队，其领导人哪一个不强势（并非霸道强横）？

长江的李嘉诚、海尔的张瑞敏、华为的任正非、万科的王石、格力的董明珠莫不如是。国外也不例外，如：甲骨文的埃里森、维珍的布兰森、已故苹果总裁乔布斯、东芝集团前董事长土光敏夫，等等。

说到土光敏夫，这里就不得不提到一个故事。

据说，有一次，土光敏夫听业务员反映，公司有一笔生意怎么也做不成，主要是因为买方的课长经常外出，多次登门拜访他都扑了空。土光敏夫听了情况后，沉思了一会儿，然后说："啊！请不要泄气，等我上门试试。"

业务员听到董事长要"御驾亲征"，不觉吃了一惊。一是担心董事长不相信自己的真实反映；二是担心董事长亲自上门推销，万一又碰不上那企业的课长，岂不是太丢一家大企业董事长的脸！那业务员越想越怕，急忙劝说："董事长，不必您亲自为这些具体小事操心，我多跑几趟总会碰上那位课长的。"

业务员没有理解董事长的想法。土光敏夫第二天真的亲自来到那位课长的办公室，但仍没有见到课长。事实上，这是土光敏夫预料中之事。他没有因此而告辞，而是坐在那里等候，等了老半天，那位课长回来了。当他看了土光敏夫的名片后，慌忙说："对不起，对不起，让您久候了。"土光敏夫毫无不悦之色，相反微笑着说："贵公司生意兴隆，我应该等候。"

那位课长明知自己企业的交易额不算多，只不过几十万日元，而堂堂的东芝公司董事长亲自上门进行洽谈，觉得赏光不少，故很快就谈成了这笔交易。最后，这位课长热切地握着土光敏夫的手说："下次，本公司无论如何一定买东芝的产品，但唯一的条件是董事长不必亲自来。"随同土光敏夫前往洽谈的业务员，目睹此情此景，深受教育。

　　土光敏夫此举不仅做成了生意，而且以他坦诚的态度赢得了顾客。此外，他这种耐心而巧妙的营销艺术，对本企业的广大员工是最好的教育和启迪。东芝公司在土光敏夫的带动下，营销活动十分活跃，公司的信誉大增，生意更加兴隆发达。

　　这就是一个卓越领导人该做的！作为管理者，我们在要求下属和员工做事时，自己首先就要做到。对于员工而言，他们一开始可以"不知道做什么"，但我们就有责任让他们明白"该做什么"；他们一开始可以"不知道该怎么做"，我们就有责任让他们明白"该怎么做"。换而言之，我们必须要成为"强将"，并用自己的"强势"带动属下成为精英。这就需要我们：

　　首先，培养与时俱进的自驱力。这是一种塑造梦想和传递梦想的能力，拥有这种能力的人可以把一件平凡事上升到理想的高度，懂得在平凡中注入一种崇高的荣耀，这一点在很多卓越的管理者身上都有体现。譬如说马云，他很善于用"梦想、使命、价值观"来收获人心，使很多人心甘情愿地追随他，为他效力效命。不过需要提醒大家，用梦想刺激下属，也要讲究与时俱进。打个比方，你不能看柳传志最开始以"产业报国"为口号卖PC，也依葫芦画瓢。事实上，柳传志那样喊是有特定历史背景的，而且这个梦想在当时确实也能起到振奋人心的作用，但是现在，PC遍地都是，你再以"产业报国"为口号卖电脑，非让人家笑掉大牙不可。换而言之，不同时代有着不同的追求，我们这些做领导的要懂得把握时代脉搏。总而言之，你要给下属一种理想上的驱动力，因为靠理想驱动和靠欲望驱动的团队，最终取得的成绩肯定不一样，前者足以赢得整个社会的尊重，后者则可能只会在自己的小圈子中徘徊。

其次，养成身先士卒的执行力。史瓦兹·柯夫将军说："只会下令要部下上战场，算不得英雄；身先士卒上战场，才称得上是英雄好汉。"领导者的榜样作用具有强大的感染力和影响力，是一种无声的命令，对部下的行动是一种极大的鼓舞。相反，如果说我们要求自己是一个原则，要求部下又是一个原则，这个肯定是没有领导力的。国内，在这一方面表现尤为突出的杰出领导者当属比亚迪的王传福和巨人的史玉柱。王传福这个人，我们简直可以用"工作狂"来形容他，他对技术的狂热绝对是一般领导人所达不到的；而史玉柱，最有名的莫过于亲自到农村向老大娘推销脑白金以及每天做 10 个小时游戏客服的故事了。

再次，具备感怀大众的领导力。我们一再谈论领导力，其实归根结底就是一种团结部下的能力。一个能够让精英团结在自己周围的领导者，在人格上必然是值得众人信赖的——我们可以有缺点，但德行上不能有缺失；在利益上必然是愿意与团队分享的——像任正非，他就只有华为 1.1% 的股权；在工作上必然是能够以成就感来驱动部下的——就像我们前面提到的马云、柳传志。唯有做到这些，我们才能令一帮志同道合的精英人士紧紧团结在自己周围，一起解决团队的困难，一起追逐团队的梦想。

毫无疑问，一个团队的兴旺发达，离不开支撑他的强兵强将。倘若我们这些管理者都能按照"强将"的标准来要求自己，武装自己，长此以往，潜移默化之中，相信我们的手下也就不会再有"弱兵"了！

最后还要提醒大家：我们自己强，不算强，真正的"强将"不能光顾着自己强悍，更重要的是，我们要建立一套伟大的机制，帮助部属们一起强、一起悍。我们不能做楚霸王项羽那样的人，他就很强，但却见不得底下人比他强，有人而不能用，像这样刚愎自用的领导者最终只会造成"大树底下不长草"的局面，带不出真正强悍的团队。

第三节 有难事一马当先，遇困境沉着不蒙

身处逆境、置身祸中，临危不乱，方能人心敬服。

人类的本性会在危急时刻的应激反应中表露无遗。平常说话大声、表现豪爽的人，一旦面临危急存亡，说不定就会狼狈不堪，那些平常刻意掩饰的缺点在这个时候很容易完全暴露出来。如果说我们是这样，如果说我们让部下看到自己在紧要关头不知所措，那他们一定会非常失望，从此不再理会我们所做出的指令。

要知道，下属心目中合格的管理者，是在非常时期能够表现得与众不同且能够断然地作出决定，迅速敏捷地采取行动的人。只有这样的管理者，他们才能心甘情愿地尊之为"领导"。其实不仅仅是人，甚至就连动物也会对它们的领导者抱有这种期望。据说，动物学家们就曾做过这样一个实验，是关于领导行为的研究，很有趣，我们来看一下：

动物学家让动物园饲养员用狮子皮装成狮子进攻黑猩猩群。黑猩猩群一开始非常害怕，它们不禁哀号起来，但不久，惊人的一幕出现了——猩猩的首领拾起身边的树枝，做出向狮子挑战的样子。事实上，

它也很怕狮子，但却没有逃跑，而是勇敢地率先向狮子做出攻击动作。为什么会这样呢？因为它也很明白，如果自己在这个时候临阵脱逃，就一定会被同伴们鄙视，就再也不能做首领了。

团队中的管理者也应如此。在竞争愈来愈激烈的今天，团队随时随地都可能面临各种困难。如果我们表露出束手无策、无能为力的样子，那么整个团队都会作鸟兽散；相反，如果我们能够身先士卒面对难关，坚定沉着的精神就会传递给部下，大家就会和我们一起勇敢地面对挑战。这种身先士卒的行为，客观上维护了我们在团队中的威信，使下属能够从内心中真正地认同我们。

著名的伟大领导者拿破仑·波拿巴就常常用他那豪迈的气概，带动部队的士气和提高战斗力。他坚定地认为，在千钧一发的关键时刻，将帅本人的坚毅决心和模范行动，是拉动火车前行的火车头，是取得战斗胜利的巨大精神支柱。

埃劳战役中，由于法俄两军势均力敌，战斗异常激烈，难于一决胜负。为此，拿破仑亲率一支步兵停留在埃劳墓地那个战斗的中心地点。此时俄军的炮弹纷纷落在他的前后左右；被炸断的树枝不断地掉到他的头上，有许多侍卫相继倒下和牺牲，拿破仑本人也随时都有中弹身亡的危险。但是，拿破仑冒着生命的危险，镇定自若地在墓地停留了几个小时，从而稳定了军心，使得自己的步兵毅然地屹立在这个死神笼罩的地方，时刻待命出击，直至取得埃劳战役的最后胜利。

商场亦如战场，企业立足于竞争之中，不可避免要遭遇一些突发事件，这些事很有可能会打乱我们的军心，使员工们处于惶恐之中。这个时候，作为管理者，我们首先要做的就是控制事态，稳定军心，使其不扩大、不升级、不蔓延，这是处理突发事件的关键所在。有难事一马当先，遇困境沉着不蒙，这是欲成为卓越管理者所必须具备的良好素质。

所以，当有突发事件出现之时，我们首先就要控制住自己的情绪，保持一颗清醒的头脑，不要手下未乱你先乱。只有这样，我们才能对事态有一个清醒的认识，对全局有一个准确的把握。其次，我们要发挥自己的领导作用，令团队内部迅速形成统一的观点，令大多数团队成员都能对事态有一个清醒认识，稳住团队阵脚，以大局为重，避免事态的进一步扩大化。

在处理突发事件时，我们可以这样：

一、抓住要害，立竿见影

处理团队危机的关键在于果断、迅速，第一时间控制住局势，这就要求我们在做决策时，一击即中突发事件的要害，以达到"立竿见影"的效果。

二、打破常规，敢冒风险

由于突发事件带有不可预期性、复杂性，所以我们在处理时需要灵活应对，要敢于改变正常情况下的行为模式，要赋予自己一定的冒险精神，同时，我们还要最大限度地集中决策，这时不妨就搞一把一言堂，并迅速地将决策付之于行动。

三、沉着冷静，稳中求进

我们在处理突发事件时，固然要有点冒险精神，但也不能一味求险，盲目冒险就是真危险了。所以，如果状况允许，我们亦应选择稳妥的、阶段性控制的决策方案，以更大的把握将问题解决好。

换而言之，我们在条件有限的情况下，可以采用反常规的决策方式，而在对决策后果进行风险预测和控制时，就要采取避免可能造成不必要麻烦的方案，同时要注意克服一蹴而就的心态。因为，我们固然可以将突发事件的表象在第一时间内控制住，但对其根本的处理，则需要在表象得到控制的基础上进一步去决策，这样才能既应变及时又稳妥不乱。

总而言之，在团队出现危急之时，我们无论如何都不能先乱阵脚，这样才不会给麻烦继续扩大的机会，而且，你指挥起下属来也才会更有效。

大家请记住，身先士卒，率先垂范，永远会唤起下属对我们的崇敬感。所以我们必须具备"三军可夺帅，匹夫不可夺志"的决心和毅力，从不断的努力与日渐丰富的经验中锻炼自己，促使自己更进一步迈向成功的领导者之路。在努力的过程中，你的一举一动都逃脱不了员工的观察。如果他们内心能这样想："这个领导者是足以信赖的，他是深得尊敬的。"那么你的一切努力都不会白费。

第四节　遇事不能乱答应，一口吐沫一个坑

失足，你可以马上重新站立；失信，你也许永难挽回。

说得出就要做得到，这对于我们而言不仅是一条做人的基本原则，也是作为领导者的基本素养。正所谓"听其言，观其行"，我们处在这个位置上，一言一行都被下属看在眼里、记在心里，你做得好，

他们或许没有多大的反响，但如果你耍赖皮、说出去的话反反复复，他们就会把你的威信瞬间降到历史最低点。

你不要把这不当一回事，许多管理者事实上就败在了自己的这张嘴上。他们爱许诺，可又不珍惜这一诺千金的价值，他们可能是过分相信自己的实力，所以许多事情不假思索地答应下属："……我可以帮你这样做。"而后却又往往办不到。于是下属们感觉被欺骗了，他们愤怒了，他们会在自己心里给这样的管理者刻上"不守信用"的烙印，这会令管理者威信尽失，一辈子恐怕也难以翻身了。

还有些管理者，他们的初衷可能是好的，是想把许诺作为激励下属的一种手段。但这种做法可取吗？我们并不认同。事实上，这种做法在短期内或许会起到一点作用，但从长远的角度上看，效果并不好，因为你的许诺一旦不能及时兑现，员工就会伤心失望，干劲大减。与其如此，我们还不如用心为他们做些实事，让员工落个实惠，这怎么也比把话说得太早、太满，让人家空欢喜一场要好得多吧？

的确，很多时候，领导的许诺就像是一针兴奋剂，它确实能激发员工们的干劲。如果我们当众宣布：如果可以超额完成任务，大家月底能拿到40％的分红。这是怎样的一个消息？这多么有诱惑力！情绪振奋的员工们可能已经无暇再顾及它的真实性了，他们的想象力已经穿过时空隧道进入了月底分红的那一幕。接下来，他们肯定会热火朝天地卖命，扳着指头盼望着月底的到来。到了月底，他们都眼巴巴地指望你能说话算数，而你却只能来一句——实在对不起！想想看，这后果是多么可怕！这种情况下，你再有什么号召，告诉他们肯卖力就有奖励，鬼才信你呢！而且，一旦你的员工有了这种心结，他们也就没了心气，在他们心里，你们之间将是赤裸裸的雇佣关系，对于一个单纯意义上的雇主，他们当然不会一心效力。

有一位朋友就遇到了类似的情况，他在上任伊始，宣布要在一年内为员工们做5件实事，员工们自然干劲倍增。但大半年过去了，一件事也没有办成，大家一下子没了热情，这位管理者也因此威望扫地，企业效益急速滑坡。

这位朋友本来是想用许诺来激励员工，没有想到全行业不景气，企业也就没有钱办那些已经许诺的事，结果是"搬起石头砸了自己的脚"。希望朋友们能以此为戒。我们要知道，有些许诺关系着员工的前途与未来，他们对此颇为敏感，在工作中牢牢记住我们说过的每一句话。因此，你不能心情一高兴，忘乎所以，信口开河，更不可随意封官许愿，而在他们达到要求时又闭口不提，这只能削弱企业员工的战斗力。大家切记、切记，不是有绝对把握的事情，绝不要随便向员工们许诺，否则，届时不能兑现，后果将不堪设想。

朋友们要清楚地意识到，我们的命令虽然不是圣旨，但我们的承诺却有着沉甸甸的分量。只要能够说到做到，哪怕我们的能力差一些，员工们也会信任我们，主动维护我们的形象。即使我们的话语与行动不一定符合他们的要求，他们也会感到我们做事有原则性，反而对我们的工作要求较有信心，认为我们不会翻手云覆手雨，工作起来也就较有干劲。

所以，我们在做出任何承诺之前不得不深思熟虑，如果不能完全肯定，那就不要承诺，但要承诺就要全心全意，要保证它能不折不扣地实现。当你说："干完这件事，我给你加薪。"你心里就要确保这个承诺能兑现，而且要按时兑现，不要拖延，时间一到，马上做出表示。如果有突然状况发生，超出你的预见，导致承诺不能兑现，那我们就要立即开诚布公地与员工重新进行商洽。这件事要尽快做，不要等到火烧眉毛才开始进行。如果大家都知道你会恪守承诺，即使在非正常因素的影响下无法允诺也会尽可能地征求他们的谅解，他们就会相信你，就会认为你是一个可以依靠、可以信赖的管理者。

有一家私营企业的董事长，当初是个农民，家徒四壁，也没有办企业的经验。可是，当他决定办厂时大家都来帮助，邻里和朋友们毫不犹豫地借给他十几万元资金，结果获得了成功。有人想不明白，当初人们为什么会借钱给这个可能没有偿还能力的人。事情原来是这样的：还是在人民公社的时候，他和一位农民开玩笑打赌，赌注是谁输了谁就挑走村里晒谷场上的一大堆石头。结果他输了，他便去挑晒谷场上那堆成了小山一样的石头。和他打赌的人对他说："这是开玩笑，千万不要当真。"但他说既然打了赌，就得说话算数。他断断续续地挑了3个月，空出了一大片地，他在空地上种了几棵桃树，现在那几棵桃树每年都结满了果实。人们在品尝甜美桃子的同时，无不赞美他是一个说话算数的人。把钱借给这样的人，还有什么不放心的吗？

说到就要做到，是管理者自身最宝贵的无形资产，应该说这也是管理者在管理工作中的立身之本。受拥戴的管理者，常有许多共通的待人处世的优点，其中很显著的一点便是——他们在任何时候都诚实守信、遵规守约。他们常常遵循这样的原则：要么轻易不与员工相约，要么就要信守诺言，竭尽全力去办。我们也应如此，对员工许下的诺言一定要兑现，而且是完完整整、说一不二地兑现。即使一时达不到这种境界，至少也要让员工感觉你为自己的诺言努力了。

第五节 绝不可因私枉法，莫吝啬自我惩罚

只有管理者懂得如何在自己的工作中做到卓有成效，才会给其他人树立高效的榜样。

在一个团队中，我们的行为永远是员工的榜样。制度作为大家共同遵守的准则，对我们的要求远胜普通员工。管理者只有在制度下身体力行，以身作则，才能维护自己在员工们心目中的威信，才能让下属自觉地遵守制度。

奸雄曹操当年之所以要演那一出"割发代首"的好戏，也就是这因为这个原因。

建安三年，曹操率兵东征。一路上，旌旗招展，刀枪林立，浩浩荡荡的大军有条不紊地行进着。此时正是五月，麦子覆垄的收割季节。由于连年战火，许多田地都荒芜了。随着一阵轻风，飘来了一股股新麦的清香。原来，在队伍的前面出现了一大片黄澄澄的麦地。农夫们正在挥镰担担，忙着收割。

曹操传令："凡是踩踏麦田者，罪当斩首！"传令兵立即将曹操的命令传达三军。

全军上下，人人都小心翼翼起来，因为他们深知曹操的为人，不要因为踏一撮麦子而丢了身家性命。所以，士兵们行走时，都离麦田

远远的，骑兵害怕马一时失蹄狂奔乱窜，也就纷纷下马，用手牵着马走。队伍在麦田边缓缓地向前移动着。

事情往往就是这样凑巧，"嗖"的一声，一只野兔从麦田里窜了出来，穿过路面，遛到了另一块田里。这野兔刚好在曹操及另外两名军官的马前穿过，把三匹大马吓了一跳。由于另外两个将军都下马牵着马缰绳行走，所以马只是小惊了一下，就给稳住了。曹操此时正坐在马上得意，他的马匹给这一惊，犹如脱了缰的野马，一下子窜进麦田几丈远，差点没把曹操给摔下马来。等到曹操回过神来勒缰绳时，一大片庄稼已给踩坏了。吓得那些在田间的农夫们也赶忙躲避，害怕被惊马踩死。

面对眼前这一突发事件，大家都惊呆了。曹操命令说："我定的军规，我自己违犯了，请主簿（秘书）给我定罪吧！"

主簿在听了曹操的令后，忙对曹操，又像是对大家说："依照《春秋》之义，为尊得讳，法不加重。将军不必介意此等小事。"旁边的一些军士也跟着附和道："主簿说得对。将军，还是带我们赶快上路吧！"

曹操听了，一本正经地说："军令是我制定的，怎么能被我自己破坏呢？"接着，又像是自言自语地感叹道，"唉，谁让我是主帅呢！我一死，也就没人带你们去打仗了，皇上那里也交不了差呀！"众人忙说："是呀，是呀，请将军以社稷为重。"

曹操见大家已经彻底地倒向他了，稍稍顿了顿又继续说："这样吧，我割下自己的一撮头发来代替我的头颅吧！"

于是，拔剑割下一绺头发，交给传令兵告示三军。

曹操不愧是三国霸主，不枉奸雄之名，他这样做，既保住了自己的脑袋，同时又维护了军令的威严。其实我们都知道，曹操根本不会自刎谢罪，他不过是做做样子给众人看罢了，但这个样子做得好、做得妙，且不说他虚不虚伪，但至少这样做让三军都敬服了。

朋友们要知道，其实在下属眼中，管理者都具有某种他人所没有的特质，倘若我们不具备某种独特的风格，就很难获得他们的尊敬。在此特质中，最重要的就是管理者的"自我要求"。那么朋友们，你是否对自己的要求远甚于对员工的要求呢？偶尔，你会站在客观的立场，为他们设身处地地想想吗？如果没有，你要有所注意了。

我们知道，员工服从管理者的指导，其理由不外乎以下两点：一是因管理者地位既高，权力又大，不服从则将遭受制裁。二是因管理者对事情的想法、看法、知识、经验较自己更胜一筹。

这两个条件无论缺少哪一个，部属都将叛离而去，而其中第二点尤为重要。因此，作为一个管理者，我们应当时刻不忘如此反省自己："我的各方面能力比不比员工强？想法、看法以及做法是否比他们优秀？我应当怎样做才能更出色？""在要求员工做一些事情之前，我是否应先负起责任，做好领导工作呢？""我是否太放纵自己了？要求别人做到的，我自己有没有做到？"

相反，如果我们一天到晚只想着为自己打算，那就绝成不了一个卓越的领导者。

让人遗憾的是，很多朋友总是忽视或没有能力做到这个"自我要求"，发生错误总是喜欢归咎于他人。一些荒谬透顶的事，他们做起来会感到特别安心。譬如一个公司必须开发新产品了，赶紧召开员工大会，一个无能的管理者常为自己大脑空空而坦然，却在抱怨别人："这些家伙尽是窝囊废，竟然拿不出一个新构想！"其实，新构想不能全靠员工去构思，身为管理者，我们应该先动动脑筋，先制定个框架，或先指明个方向，然后再要求员工全力筹划，这样靠着双方的努力才能顺利达成目标。如果只是把责任全部推给员工，即使事情成功了，我们也会失去员工的信任。要知道，如果员工在心里对一个管理者没有什么信任可言了，那么就别想让他们再很好地服从我们的管理了。

有句老话是"善为人者能自为，善治人者能自治"。一个公司的业务能否在激烈竞争的环境中得到发展，关键之处还在于我们这些管理者是否有正确的自律意识。我们只有身体力行，以身作则，才能建立起人人遵守的工作制度。比如说要求公司的职员遵守工作时间，我们首先要做出榜样；要求员工对自己的行为负责，我们也必须明白自己的职责，并对自己的行为负责。

所以在这里，我们给大家提出了几点建议：

一、要乐于接受监督。据说，日本"最佳"电器株式会社社长北田先生，为了培养员工的自我约束能力，自己创立了一套"金鱼缸"式的管理方法。他解释说，员工的眼睛是雪亮的，管理者的一举一动，员工们都看在眼里，如果谁以权谋私，员工们知道了就会瞧不起你。"金鱼缸"式管理就是明确提出要提高管理工作的透明度，管理的透明度一大，把每个人置于众人监督之下，他们自然就会加强自我约束。

二、保持清廉俭朴。作为一个团队的管理者，我们应该清楚，自己的节俭行为不管是大是小，都具有很强的导向作用。中国台湾塑胶集团董事长王永庆就曾说："勤俭是我们最大的优势，放荡无度是最大的错误。"他是这样说的，当然也是这样做的。在台塑内部，一个装文件的信封可以连续使用30次；肥皂剩一小块，还要粘在整块肥皂上继续使用。王永庆认为："虽是一分钱的东西，也要捡起来加以利用。这不是小气，而是一种精神，一种良好的习惯。"

总而言之，我们就是想告诉大家，做管理者的，只有不断反省自己，高标准地要求自己，才能树立起被别人尊重的自我形象，并以其征服手下所有的员工，使他们产生尊敬、信赖、服从的信念，从而推动工作的发展。这就是我们要做的。

第六节　请一定控制情绪，有架子就有距离

面无表情、一副官腔、哼哼哈哈，这样的管理者即便很有能耐，往往也不为同事所接受，更谈不上有追随者了。

作为领导者，应当适当有点威严，但若是架子太大，则不可取了。我们常会看见一些爱摆架子的朋友，他们在工作中甚至在日常生活中都会表现出一种高高在上的态度，与周围人和下级之间保持着相当的距离，这真的有些令人难以接受。

有这样一位朋友，他是一个大型合资公司的中方经理，此君的架子大到无以复加。小职员向他问好，他根本就理也不理，公司的中层管理人员甚至是高级管理人员向他打招呼，他也不过冷漠地"嗯"一声。他的脸上永远是冷冰冰的，即使只比他低一级的管理人员，给人的感觉也比他低好多似的。公司的员工表面上对他恭恭敬敬，背后却直骂他。这不，当董事会宣布将他调走之时，他的部属们竟然要买鞭

炮庆祝了!

其实,这位朋友在担任总经理期间,公司的业绩没有退步,但也没有太大的增长,算是无功无过。但如果他能放下架子,积极调动员工的积极性,成绩说不准就会好很多呢!

有这样一份人力资源调查,其结果表明,不愿意接近领导的人中,有1/3是因为领导的架子太大;有70%的人认为,双方关系不融洽的主要责任在领导。这很能说明一些问题。新步入领导岗位的人,较容易引人注目,大家都在观察、分析他是否称职,他的能力如何,他的思想修养怎样,他的言谈举止是否恰当,他怎样处理与下级的关系,等等。这种情况下,那些对自己经验、能力缺乏足够自信的朋友,会形成一种心理上的压力,认为别人会不尊重自己、轻视自己。于是,他们反而不知如何调整自己的心理距离了,他们往往在行为上就来一个先声夺人——表面化的威严,这在下属眼里可能就是架子。

另一方面,那些对自己的能力、经验足够自信的朋友,有了发挥自己才干的条件和机会,一般情况下,更多考虑的是如何工作,如何使自己的计划、设想付诸实施,因而往往会忽略了与大家感情上的交流。这同样会使下属产生消极的心理反应,认为你是在"摆架子"。

所以,大家需要注意了,对于我们这些处于领导岗位的人来讲,由于工作的多头绪、繁忙,很可能在一些自己不注意的地方造成下级的难堪和反感。譬如说有些朋友在下属来谈工作时,坐在那儿像尊佛爷,既不请坐,也不停下手头的工作,或者是敷衍地哼哼哈哈,这给人的印象、在情绪上造成的影响都是很不好的,有自尊心的员工就会尽量避免与你接触。因而,如果说我们希望成为卓越的领导者,就千万不能忽视这些看似微不足道的细小行为。要知道,礼貌与关系虽然有时只是一两句话，但赢得的不仅是工作上的相互配合，更重要的是思想感情上的相通和互相信任与尊重。

另外，大家还要注意，一定要控制好自己的情绪，切不要乱发脾气，因为这样很容易破坏与下属间的关系，拉大同下属间的距离。

有一位朋友就是这样，他当年白手起家，如今事业做得很大，能力是有的，但与员工的关系却并不好，不为别的，就是因为他的脾气太暴躁，责骂起员工来一点情面也不留。所以他的那些员工私下里都说："一定是老板当打工仔时受了太多气，现在把气都发到我们头上来了。"他的一位老朋友见到这种情况以后，劝他说："你的脾气太大了，太能摆架子了，你想做垃圾堆里的老板吗？"后来，他果然尝到了坏脾气的恶果——他的得力助手一个个离开他，他发现自己再也没有什么可指挥的精英了，事业也由此急转直下……痛定思痛，他决定改正自己的缺点，他向全体员工道歉，并表示以后绝不会再乱发脾气。令人钦佩的是，他真的转性了，他真的做到了这一点，于是，以往那些走掉的员工又慢慢回来了，公司变得更加团结，他的事业也成功地走出了低谷。

希望大家引以为戒，与下属相处时，千万不要乱发脾气，因为坏脾气会吓走你的下属，坏脾气会孤立你自己。遗憾的是，很多朋友控制不住自己的脾气，下属做错了事，或在批评下属时，对方态度稍有顶撞，便立刻破口大骂。结果在极为生气的情况下，对下属说了许多伤其自尊的话，事后又后悔不已。但此时再希望对方别往心里去，恐怕就不那么现实了。我们得明白，下属总是希望领导能和善地待自己，但他们又往往不愿意原谅我们的过错，谁让我们处在这个位置上呢？因而，为避免这种情况的发生，我们在与下属交往时，千万要注意自己的情绪，不可任意对下属发脾气，以免破坏同下属之间的关系。架子这种东西，我们最好不要摆，因为它最容易使下属产生反感情绪，阻碍我们与下属的成功交往。

事实上很多时候，很多朋友并不是故意想摆架子，只是我们没有注意下属的心理变化和情绪波动，也没能适时调整自己的行为举止，结果被他们误解为有架子。这就需要我们在日常的工作中多加注意了。

第七节 一个锅里一样饭，对人不要另眼看

政在去私，私不去则公道亡。

在这个世界上，没有万事皆能的人，也没有一无是处的人。尺有所短，寸有所长，再精明的人也有其致命的弱点，再普通的人也有他人所难及之处。这个道理虽然人人都懂，但我们做起来却未必如此。

在一个团队中，就常见到这样的现象：领导者对一些员工倍加信任，视为心腹，对其他员工则处处设防，甚至让前者去监视后者。员工能谅解领导者因经验不足而出现的失误，却无法容忍企业领导的不公正作风。如果亲一派、疏一派，厚一伙、薄一伙，"一个锅里做出两样饭"，那么势必导致企业内部怨气丛生、人心涣散。

其实，人是生而平等的，所以我们要以平等的态度对待每一个人。有些公司虽然薪酬不算很高，但他的员工却很少跳槽，就是因为他们

的领导认为：人是平等的，如果有高下之分，也是因为品德、能力而非职位。这是我们这些管理者所要学习的态度，我们要认识到，每个人会因机会和遭遇的不同而处于不同的境遇，但在人格上绝无高下之分。那些员工，他们其实非常重视公司中平等的气氛，我们这些做领导的，如果能以平等的态度待人，他们就会感觉自己的尊严受到了尊重，就会有一种置身于家的感觉，就会更加卖力地工作，如此一来，团队的迅猛发展自然也就不在话下。

在这方面，美国零售巨头沃尔玛公司的管理层做得就非常好。

众所周知，"顾客至上"是沃尔玛一直奉行的原则。但是，该公司在奉行"顾客是上帝"的同时，也维护员工的利益，尊重员工的人格。因为在他们看来，无论是顾客，还是员工，人格上都是平等的。

他们认为，在员工与顾客发生冲突时，不要当着顾客的面批评员工。在把顾客心平气和地送走之后，要了解真实情况，准确判断是非。如确系员工的责任，当然要严肃处理；如责任确实不在员工，就要尽最大努力做好安抚工作。如去看望一下员工，给予适当的经济补偿，等等。

这样，员工感到自己与顾客在领导眼里是平等的，领导是明辨是非的，天大的委屈也就都消失了。员工有了受尊重的感觉和安全感，工作自然就会受到鼓舞。

不难看出，"平等"对于下属的感情而言是非常重要的。我们要想客观地对待下属，首先就不能与一部分人或个别人过分亲密，而同时过分疏远另一方。在工作问题上，应该是一律公平看待，工作上一样支持，不要戴"有色眼镜"看人，更不能"看人下菜"。

要知道，员工一次成绩的取得绝不能成为他赚取私人感情的资本。你对某个员工的偏爱，会让其他的员工为你们的这种亲密关系不知所措。一个个问号会在脑海中被肯定了又否定，否定了又肯定，在一段时间的折腾之后，他们与你和所喜爱的那位员工的距离会越来越远。

由于待遇的不平等、机会享受的不公正（至少他们会认为是这样），企业的人际关系变得紧张了，员工们从你的偏爱中也学会了选取个人所好来加强个人的势力。结果，最糟糕的事情发生了，企业仿佛变成了四分五裂的散体，无数的小阵营使企业的这股绳结出了许多解不开的"死疙瘩"！

犯了错误的员工通常都有自知之明，他们在对自己行为检讨的同时也是懊恼不已。你对他们的归类，不仅使得他们的信心又遭受了一次打击，而且，他们还会产生破罐破摔的消极情绪，并对企业与领导产生了极强的敌对抵触情绪，这显然是企业安定团结的一种巨大的潜在危险。

不过，一视同仁，说起来容易，做起来难。我们若是力求公正，首先就要警惕不要在以下两个方面误入歧途：

一、公正不等于公平。公正是公平的前提，公平是公正的体现。但是，公正了不一定就能公平。例如，我们为实施激励，出台了一些相应的规定以配合奖惩。但很多人为了达到奖励标准，会根据考核办法，全力做到符合规定，这时真的、假的、半真半假的、亦真亦假的情况都会出现。弄得我们头昏脑涨，很不容易分辨清楚，以至每次公布结果，员工都觉得不公平。

要解决这个问题，最好的办法，就是根本改变公平的观念。我们应坦诚地向员工说明——"我只能够公正，却很难保证公平"，如果我们自己过分强调"公平"，员工就会用不公平来批评我们，得到奖赏不感激，未得奖赏不服气，完全是我们自认为公平所招致的恶果。坚持公正但承认不公平的存在，是解开两难选择的突破口。

二、特殊情况需要特殊处理。我们强调的"一碗水端平"，是指对待员工要一视同仁，然而这并不是说你要对所有的员工进行绝对一样的管理。

企业是由不同类型的员工组成的"大家庭"，为了最有效率地进行管理，我们需要了解那些为你工作的员工，而且要试着把他们看作独立的个体。即每个人都有各自的优缺点、喜爱以及专长，你还要了解需要做的都是些什么，然后再考虑哪个人能干些什么，谁愿意干，只有这样才能让员工为企业转动起来。

因此，我们应该针对不同类型的员工采取不同的管理方式，一句话，就是"特殊情况特殊处理"。这是对"一碗水端平"原则的有益补充。

总而言之，对员工一视同仁，是我们处理与员工关系的重要原则，也是赢得员工信任的重中之重。只有做到这一点，我们才能保证针对不同员工的专门管理方式行之有效。朋友们请记住，人是企业中第一宝贵因素，任何时候都不可缺少。钞票没有了可以赚回来，机器坏了可以修理，但如果失去了员工的向心力，只怕千金也买不回来。

第四讲　用情篇

精华论点：

彼得·德鲁克：我经常说，日本的秘密在于它能够把家庭因素从现代企业中完全剥离出去，中国式管理的秘密可能在于把家庭因素融合到现代企业中来。

开篇语：

"人情"运用得恰到好处，便能发挥极大的效用。人情管理用在工作努力、有贡献的员工身上，是一种爱护和精神鼓励，会产生出极大的精神动力。经验证明，用微笑去鼓励，远比严厉说教对员工的影响更大。管理者运用"人情"可以说是感情投资，可以换取更大的精神动力，从而让管理变得得心应手。

第一节 将情义融入管理，让员工更加卖力

如果你既关爱你的顾客，又关爱你的员工，那么市场就会对你倍加关爱。

说到底，团队的发展就取决于"人"的力量。所以我们这些做管理的要知人、爱人、善用人。其实，这些话说起来容易，要真正做到确实难度不小。打个比方，在日趋复杂的社会里，一个高级工程师未必能成为一个优秀的管理者。道理很简单，工程师面对的课题是一种专业的功夫，而企业领导则需要一种较为综合、全面的素质。领导的职责，就是要让企业这部机器最好地运转起来，要让"人"产生最大的效果。譬如说，为员工创造安全、和谐、愉悦、适合发展的工作环境，就是管理者提高下属工作积极性的手段之一。

众所周知，德国汉高公司是应用化学领域中的一面旗帜，它位列世界 500 强企业之一，在全球共设 330 余所分支机构，其分布范围覆盖全球 60 多个国家和地区。

汉高就十分重视人性化管理。为提高员工的工作环境质量，公司专门为员工提供经过空调的清新空气，还有淋浴室，并且每天中午还为全体员工供应一顿丰富的午餐；为了让员工有安全感，建立了一大

批高度保证安全的标准设施，由专门部门负责，如医务部、工厂警卫等，公司还经常检查各种安全设施，日夜测量环境污染、水质问题、噪声等，每年免费为员工检查一次身体，所有的这些措施，都为公司的稳定发展起到了侧面推动作用。

用管理学的话来说，汉高是十分重视情感管理的。情感管理就是指立足于个人心理效用而实施的一种精神管理，所以用情管理，必须立足于员工的人性、人情方面。以情管理是管理者理性的表现，其中的玄机、奥妙，若即若离的感觉，不知不觉的失败或成功，并不是在很短的时间里就能揣摩透、运用好的。

针对于此，本书为大家提供了以下几点建议：

一、培养人性价值观

耐心、和蔼是领导者应有的素质，并且要不断地去培养这种价值观。人类是有感情的，尊重被管理者的人格，你同时也得到了他们的尊敬和忠心。他们有家人和朋友，也有爱好与厌恶，你若整天摆出一副居高临下的姿态，并且冷淡地对待他们，就会让他们失去用心工作的动力。"己所不欲，勿施于人"，这是管理上的金科玉律。当然，这并不等于领导随意迁就员工的过错。

二、化挑剔为引导

现代领导的工作内容中，有时要充当师傅的角色，指出员工的错误，告诉他们哪儿出了差错，然后让员工按正确的方法去工作。在这个"指导"的过程中，中国企业的有些领导往往喜欢过分挑剔，似乎不加以严厉批评就心里不舒畅。

我们千万别当这种领导。你在自己领域的知识和经验可能会比许多下属丰富，所以，你的工作就是要教导好下属并使之优秀起来，而不是整天去挑剔或显示他们如何地比不上你。成功的领导能鼓励下属，而不是批评他们。

有些朋友认为，员工犯了错误，无异于是在自己的记录本上抹黑。因此，大多数员工犯了错误之后都会有准备受罚的心态。但优秀的企业领导认为，让员工学习和成长的最佳途径就是体验，这就意味着冒险和犯错误。倘若我们动辄就训人，试问谁敢去"体验"？而下属不去"体验"，就难以提高自身的技术水平，就难以实现高效率的目标。我们不妨这样，让你的下属在没有任何监督的情况下尝试应用新技术或承担新任务，当然，是些小的或不太重要的项目。这样，即使有了点错误也不会使团队受损，又可以立即改正员工的错误之处。

总之，我们不仅要有允许下属失败的豁达心态，还要善于发掘员工自己还未认识到的潜在能量。

三、尽力改善工作条件

员工手里有合适的工具，在愉快、舒适的环境中工作，其效率最高。作为一个领导，对于员工需要什么东西来使工作有效进行，你可能不是位最好的判官，但你有义务向他们提供合适设备，以提高工作效率。

如果你的员工抱怨工作条件，你要专心聆听下去。因为很多时候，员工们这些抱怨通常不是为了个人利益的，而是他们希望把工作尽可能干到最好程度的一种愿望。许多事实告诉我们，提供适当的设备或工作空间，产量将得到大幅度的增长，而且通常只用花一小笔投资。这种事即使你不能拍板，但作为领导也有不可推卸的忠告和建议的责任，并要努力直至解决问题。

　　被人重视的愿望来自我们内心深处。任何人都渴望引起别人的注意，不管他承认与否，他需要向人倾诉，他需要有人倾听，他有着热切被重视、受赏识的期望。在传统的管理中，总是先讲究人情，把自己的亲戚放在最显赫的地位。这样的管理，可以说只有情而没有理。现代的企业要想求得发展，必须创造出公平合理的竞争环境，因此绝对不能再把传统的"人情"放在第一位。然而，任何事情都要一分为二地看待。人毕竟是有感情的动物，完全不讲究人情是不行的，这也是现代管理者所追求的以情管理的真谛。

　　人情只有运用得恰到好处，才能发挥其效用。情感管理用在工作努力、有贡献的员工身上，是一种爱护和精神激励，会产生出巨大的精神动力。经验证明，用微笑去鼓励远比严厉说教对员工的影响更大。在这种情况下，企业领导运用"人情"可以说是感情投资，可以换取更大的精神动力，从而创造出更多的财富。

　　如果"人情"用在不用功、不努力、作风散漫的员工身上，不仅是种浪费，甚至还会带来更严重的后果，使他更加没有责任感，更容易偷懒。对于这样的员工，你只有不客气地提出警告，施加压力或者干脆淘汰，才不会失策。这样做，并不是让你做一个冷酷无情的领导，只不过是用市场的标准来要求员工。

第二节　管理要创造感动，温情能诱发能动

在缺乏激励的环境中，人才的潜力只能发挥出20%～30%；而在良好的激励环境中，同样的人却可以发挥潜力的80%～90%。

对于现代管理者而言，只会下命令是远远不够的，关心下属是我们必修的一门课程。你肯定知道，人们必须具备衣食住行等生活条件才能从事政治经济等活动。你的下属也是如此，他们的生活状况如何，直接影响到其思想活动、精神状态及工作效率。所以，若是一个高明的领导者，他不仅善于使用下属，更善于通过为下属排忧解难来唤起他的内在工作热情——主动性、创造性，使其全身心地投入工作。

PR制衣公司共计有员工1000人左右，令人惊讶的是，这种规模的企业其员工年流动性竟然不足10%。显然，这与公司领导的人性化管理是不可分割的。

众所周知，大多数制衣企业都不太"欢迎"男职员，而PR制衣则利用其子公司PR印染的优势，将男职员安排在印染厂，女职员留在制衣厂，如此一来，很多夫妻不用分开便可留在一家企业工作了。另外，企业又为夫妻均为在职员工的人员安排了50平米的免费宿舍，同时又帮助他们解决子女的就学问题。这种人性化的策略，吸引了大

批"打工家庭"。

每每春节返乡，PR 制衣为解决员工"一票难求"的问题，对员工相对集中的河南、江苏等地，会使用包车接送员工回家和返厂。而对于那些留厂过年的职工，企业领导每年都会亲自去宿舍慰问，为他们送上温馨的年货。

同时，PR 制衣还设立了困难职工抚恤、救助基金。如果在职员工遇到困难，按规定可以获得一定数额的补助。PR 制衣已创立十年有余，目前，企业有 65% 的员工是与厂同龄的老职工。

该企业领导坦言，有不少职工曾被挖过墙角，跳槽到其他制衣企业。但时隔不久便纷纷返回厂里。因为，那边的企业虽然工资给得高，但劳动额度相对沉重很多，而且也无法提供这么好的生活条件。

由此可见，员工心里所看重的并不仅仅是钱，在他们看来，和谐的劳动包括方方面面。合理的薪酬自不必说，丰富的业余生活，优渥的住宿条件，积极的工作氛围，和睦的同事关系，公正的赏罚、激励制度等，都是自己是否留驻企业的重要评估依据。因而，在人力资源愈发紧张的情况下，我们唯有以更平等、更仁爱的心态去面对职工，以情留人，方为上策。

中国传统管理中早就提出过"视士卒如爱子"一说，时至今日，它仍然非常适用，我们真想关心下属，就是要像对待家人一样对待他们，给予他们家一般的感觉。我们可以这样：

一、为他们提供舒适的工作环境

员工对企业的要求会越来越高，他们会要求更多的酬劳、更舒适的工作环境，其实就是要求对工作的满意度。

优秀的企业非常强调为员工提供一个一流的工作环境。这是因为一流的环境不仅能使工作的员工感到身体上的舒适，还能使他们的创造性在这种舒适的条件下自发地发挥出来。更重要的是，当员工们在这种适合自己发展的环境中体会到企业所寄予的厚望时，就会更加努力进取，而这也可以用来解释优秀的企业之所以成为一流企业的原因所在。

二、让员工说出心里话

员工虽然能接受与自己的理想不太一样的东西，但并不代表他们就能完全坦然接受了，这时，我们就要鼓励他们说出自己的想法——不管是否合理。让员工把话说出来是最好的解决矛盾的办法。如果你连员工在想什么都不知道，解决问题就没有针对性。所以，应该为他们开条"绿色通道"，使他们的想法第一时间反映上来。

海尔给新员工每人都发了"合理化建议卡"，员工有什么想法，无论制度、管理、工作、生活等任何方面都可以提出来。对合理化的建议，海尔会立即采纳并实行，对提出者还有一定的物质和精神奖励。而对不适用的建议也给予积极回应，因为这会让员工知道自己的想法已经被考虑过，他们会有被尊重的感觉，更敢于说出自己的心里话。

在新员工所提的建议与问题中，有的居然把"蚊帐的网眼太大"的问题都反映出来了，这也从一个侧面表现出海尔的工作相当到位。

三、培养员工的归属感

敢于说话是一大喜事，但那也仅是"对立式"的提出问题。有了问题可能就会产生不满、失落情绪，这其实并没有在观念上把问题当成自己的"家务事"，这时就要帮助员工转变思想，培养员工的归属感，让新员工不把自己当"外人"。

海尔本身就给员工一种吸引、一种归属感，而并非像外界传闻的那样，好像海尔除了严格的管理，没有一点人性化的东西。"海尔人就是要创造感动"，在海尔每时每刻都在产生感动。

企业领导对新员工的关心真正到了无微不至的地步。在新员工军训时，人力中心的领导会把他们的水杯一个个盛满酸梅汤，让他们一休息就能喝到；集团的副总专门从外地赶回来，目的就是为了和新员工共度中秋；集团领导对员工的祝愿中有这么一条——"希望你们早日走出单身宿舍"（找到对象）；海尔还为新来的员工统一过生日，每个人可以得到一个温馨的小蛋糕和一份精致的礼物；首席执行官张瑞敏也会特意抽出半天时间和大学生共聚一堂，沟通交流，对于长期在家以外的地方漂泊流浪，对家的概念逐渐模糊的大学生来说，海尔所做的一切又帮他们找回了家的感觉。

所谓"人心齐，泰山移"，全体员工的同心协力、一致努力是企业能获得最终成功的有力保证。而要做到这一点，我们这些做领导的就要多关心员工的生活，对他们遇到的事业挫折、感情波折、病痛烦恼等"疑难病症"给予及时的"治疗"和疏导，建立起正常、良好、健康的人际关系、人我关系，从而赢得员工对企业的忠诚，增强员工对公司的归属感，使整个企业结成一个凝聚力很强的团体。

第三节　要想员工有干劲，就要多点人情味

优秀的管理者首先是一个具有普通人类感情的人，同时又是一位善于把握人类情感的大师。

记得法国企业界有一句名言："爱你的员工吧，他会百倍地爱你的企业。"这句话对于任何一个管理者来说，都是绝对的至理名言，因为每个企业最重要的问题也就是"人"的问题。由于情绪、情感是人精神生活的核心部分，是人类所特有的，因此情感管理对于每个企业而言是很必要的。情感管理就是说我们这些管理者要以情感为手段，最大限度地影响追随者的思想、感情乃至行为，激发出情感内部的巨大能量。为此，如果管理者仅仅依靠一些物质手段激励员工，而不着眼于员工的感情生活，那是远远不够的。所以我们要注意与传统的忽视个体的管理理念划清界线，时常把员工的事当成自己的事，譬如，我们关心照顾退休员工，就会使在岗员工更加安心地工作；关心有困难的员工，就会使他们对企业更加忠诚，这些，无疑是做好员工思想工作的前提。只有这样，只有上下同心，我们的团队才能形成万众一心的气氛。

从某种意义来说，一个企业就是一个大家庭，而我们就是这个大家庭的"家长"。是故，我们在管理中必须要体现出对于下属的尊重和关心，以下属为本，多点人情味，使下属真正感觉到管理者给予的温暖，从而去掉包袱，激发工作的积极性。

如何让下属全心全意地为自己做事，这的确是一门艺术。事实上下属在我们面前，总是穿着一套铠甲，对我们保持着一种警戒。而如何脱掉这层铠甲，一直困扰着我们。如果我们如北风一般地严酷，只会让员工更加警戒；但假如我们可以如太阳般地温暖，就会让他们丢掉所有的铠甲，一心为你做事。

事实上真的是这样，你没法不相信，也没法不面对。我们只有敞开胸怀，心平气和地以理服人，才能群策群力，集思广益，使自己所在单位的事业和自己的工作顺利发展。而且一团和气于心中，心中无一丝怨仇嗔怒，脸上笑口常开，你会感到前途一片光明，什么事情处理起来都会得心应手，迎刃而解。不过，这说起来容易，做起来确实困难，为了消除这种上下级之间的对立情绪，我们有时需要委屈一下自己，设身处地地去了解他们的心理和想法，这对员工尤其是有缺点的员工来说，是莫大的信任，只要你始终坚持这一原则，你必将赢得别人的尊敬。

有这样一件事：

某矿业公司的一位董事长年轻时，因为自己工作急于求成，遇事常急躁冲动，把事情办得很糟，结果被贬到基层矿山去担任一个矿的矿长。到职时，在欢迎酒会上，由于他一不善喝酒，二不善辞令，以致被老职员们认为是一个不讲人情的上司，年轻的职员和矿工们对他更是敬而远之。他在矿里一度很被动，工作开展不起来。

这样闷闷过了大半年后，在新年前夕，举办同乐会，大家要即兴表演节目。他这时在同乐会上唱了几句家乡戏，赢得了热烈的掌声。

连他自己也没想到，那些一向对他敬而远之的部下们，会因此而对他表示如此的亲近和友好。此后他还在矿上成立了一个业余家乡戏团。从此，他的部下非常愿意和他接近，有事都喜欢跟他谈。他也更加与部下贴心了，由过去令人望而生畏的人变成了可亲可敬的人。在矿上无论一件多难办的事，只要经他出面，困难就会迎刃而解，事情定能办成。由此这个矿的生产突飞猛进。因为他工作有能力，而且如此得人心，后来他荣升为这个公司的董事长。

他升为董事长后，有一次在工厂开现场会，全公司都出席了。会上大家都为本年度的好成绩而高兴，于是公司总经理的秘书小姐提议大家在高度欢乐中散会。她想出一个办法，把一个分公司的副经理抛到喷泉的池子中去，以此使大家的欢乐达到高潮。总经理同意这位小姐的提议，就和这位董事长打招呼。董事长表示这样做不妥，决定由他自己——公司最高管理者，在水池中来一个旱鸭子游水。

董事长转向大家说："我宣布大会最后一个项目就是秘书小姐的建议：她叫我在池中来一个旱鸭子戏水，我同意了，请各位先生注意了，我开始表演了。"于是他跳入池中，游起泳来，引得参加会议的几百人哄堂大笑……

事后总经理问他："那天你为什么亲自跳下水池，而不叫副经理下去呢？"

董事长回答说："一般说来，让那些职位低的人出洋相，以博得众人的取笑，而职位高的人却高高在上，端着一副架子，使人敬畏，那是最不得人心的了。"董事长这些话唤醒了总经理，使他和董事长一样平时注意贴近部下，学到了办好企业的招数。

作为管理者，在下属面前，如果你认定了"我"是主人，"你"

是奴仆，应当各尽其职。这样，下级就不可避免地要对你采取疏远态度，也要和你所代表的团队疏远。这样，我们也就很难使下级尽力工作了。

管理，尤其是对人的管理，过多地强调了"约束"和"压制"，事实上这样的管理往往适得其反。聪明的管理者应该懂得了解员工的需要，然后满足他，从而让管理亲和于人，让我们与员工的心理距离拉近，让我们与员工彼此间在无拘无束的交流中互相激发灵感、热情与信任。

所以我们要做到以下几点：

一、求同存异，缩短差距。平级之间、上下级之间或多或少都会存在"共同意识"，作为管理者，为了有效地说服同事或下属，我们应该敏锐地把握这种共同意识，以便求同存异，缩短与被劝说对象之间的心理差距，进而达到说服的目的。我们要说服别人，就要设法缩短和别人之间的心理距离。而共同意识则能使激烈反对管理的人，不再和我们持相反意见，并且极有可能会平心静气地听从我们的劝说，这样，我们就有了解释自己的观点，进而攻入别人之心的机会。

二、推心置腹，动之以情。古人云：感人心者，莫先乎情。我们的说服工作，在很大程度上，可以说是情感的征服。只有善于运用情感技巧，动之以情，以情感人，才能打动人心。感情是沟通的桥梁，要想说服别人，必须跨越这一座桥，才能到达对方的心里。我们在劝说别人时，应推心置腹，动之以情，讲明利害关系，使对方感到我们的劝告并不抱有任何个人目的，没有丝毫不良企图，而是真心实意地帮助他们，为他们的切身利益着想。白居易曾写过这样两句诗："功成理定何神速，速在推心置人腹。"今虽非古，情同此理。

美国著名企业家埃丝黛·劳德曾说过："员工是我最重要的财富。"美国惠普公司创立人惠利特则说："惠普公司的传统是设身处地为员工着想，尊重员工，并且肯定员工的个人成就。"该公司也是这么做的，在20世纪70年代经济萧条时期，他们坚持不裁员，上下一心渡过了难关。对于我们而言，对员工的关爱也是一种感情投资。就算是你的一句祝福话语、一声亲切的问候、一次有力的握手，都将使他们终生难忘，甘愿为你"抛头颅、洒热血"。

第四节　我们对下属有心，下属对工作用心

"天下至乐，莫过于对我欣赏的人表示关心。"人是有丰富感情的动物，作为领导者，关心和体贴下属是对他们最好的慰藉和赞赏。

做领导就要做个有心人，要善于以情攻心，要注意细节，从点滴做起，通过一些小事温暖员工的心，让下属在不经意间感受到我们真诚的关怀和无限的温暖。事实上你别把小事不当回事，小事足以折射出一个管理者品质的整体风貌和管理艺术，你的下属会通过一些鸡毛蒜皮的小事，去衡量你、评判你的。

如果说在处理一些小事上，你做的效果不佳或不完美，就会被下

属们轻视、讥笑。他们会认为像你这样连一点儿小事都不想做，或者连一点儿小事都做不成的管理者，又如何做得了大事情呢？你的信誉从此就会受到威胁。

所以说，我们首先得做一个有心之人，善于发掘小事后边的重大意义，这就要留心观察，细心思考。有一些小事，你作为企业管理者，必须努力去做到。如果我们能在许多看似平凡的时刻，勤于在细小的事情上与下属沟通感情，经常用"毛毛细雨"去灌溉他们的心灵，他们就会像禾苗一样生机勃勃、水水灵灵、茁壮成长，最终必然结出丰硕的果实。

日本著名企业家松下幸之助先生说得好："当我看见员工们同心协力地朝着目标奋进，不禁感动万分。"所以，他提出并倡导社长"替员工端上一杯茶"的精神。松下先生认为：一旦社长有了这种温和谦虚的心胸，那么，看见负责尽职的员工，自然会满怀感激地说："真是太辛苦你了，请来喝杯茶吧。"松下先生的意思是，社长不一定亲自为员工倒茶，但是，如果能够诚恳地把心意表达出来，就可以使倦怠的员工感到振奋，从而提高工作效率。松下先生还说："即使是公司的职员众多，无法向每个人表示谢意，但只要心存感激，就算不说，行动也自然会流露出来，传达到员工心里。"这里所体现的正是尊重员工的精神。

调动员工的积极性，激发他们的热情和干劲，企业管理者光会说一些漂亮话是不够的。配合实际行动，不失时机地显示你的关心和体贴，无疑是对下属的最高赞赏。事实上，小事往往是成就大事的基石，这两者之间是相互联系、相互影响、相辅相成的。我们作为管理者，要善于处理好这两方面的关系，使两者相得益彰。我们需要这样：

一、记住下属的生日，在他生日时向他祝贺。现代人都习惯祝贺生日，生日这一天，一般都是家人或知心朋友在一起庆祝。聪明的管理者善于"见缝插针"，使自己成为庆祝的一员。有些管理者惯用此招，每次都能给下属留下难忘的印象。或许下属当时体味不出来，而一旦换了领导有了差异，他自然会想到你。

给下属庆祝生日，可以发点奖金、买个蛋糕、请顿饭、甚至送一束花，效果都很好，乘机献上几句赞扬和助兴的话，更能起到锦上添花的效果。

二、下属住院时，亲自探望。设想一下：如果一位普通下属住院了，他的上司亲自去探望时，说："平时你在的时候感觉不出来你做了多少贡献，现在没有你在岗位上，就感觉工作没了头绪、慌了手脚。安心把病养好！"结果会怎样？这个人一定会大受感动，出院后定然十分卖力，为这个上司卖更大的力气。这不是很好吗？你去看望人家一下，绝对算不上掉架子。

遗憾的是，有些朋友就很不重视探望下属。其实下属此时是"身在曹营心在汉"，虽然住在医院里，却惦记着领导是否会来看看自己，如果领导不来，对他来讲简直是不亚于一次打击，不免会嘀咕："平时我干了好事他只会没心没肺地假装表扬一番，现在我死了他也不会放在心上，真是卸磨杀驴。没良心的家伙！"

三、关心下属的家庭和生活。家庭幸福和睦、生活宽松富裕无疑是下属干好工作的保障。如果下属家里出了事情，或者生活很拮据，管理者却视而不见，那么对下属再好的称赞也可能显得假惺惺的。

有一个文化公司，职员和管理者大部分都是单身汉或家在外地，就是这些人凭满腔热情和辛勤的努力把公司经营得红红火火。该公司的管理者很高兴也很满意，他们没有限于滔滔不绝、唾沫乱飞的口头表扬，而是注意到职工们没有条件在家做饭，吃饭很不方便的困难，就自办了一个小食堂，解决了职工的后顾之忧。当职工们吃着公司小食堂美味的饭菜时，能不意识到这是管理者为他们着想吗？能不感激管理者的爱护和关心吗？

四、抓住欢迎和送别的机会表达对下属的关心。调换下属是常常碰到的事情，粗心的朋友总认为不就是来个新手或走个老部下吗？来去自由，愿来就来，愿走就走。事实上，这种态度很不可取。

善于体贴和关心下属的管理者与口头上的"巨人"做法截然不同。当下属来报到上班的第一天，口头上的"巨人"也会过来招呼一下：

"小陈，你是北大的高才生，来我们这里亏待不了你，好好把办公用具收拾一下准备上马！"

而聪明的管理者则会悄悄地把新下属的办公桌椅和其他用具收拾好，而后才说：

"小陈，大家都很欢迎你来和我们同甘共苦。办公用品都给你准备齐全了，你看看还需要什么尽管提出来。"

同样的欢迎，一个空洞无物，华而不实；另一个却没有任何恭维之辞，但管理者的欣赏早已落实在无声的行动上，孰高孰低一目了然。

下属调走也是一样，彼此相处已久，疙疙瘩瘩的事肯定不少，此时用语言表达管理者的挽留之情很不到位，也不恰当。而没走的下属又都在眼睁睁地看着要走的下属，心里不免想着或许自己也有这么一天。我们这些做管理者该怎样评价他呢？此时，管理者如果高明，不妨做一两件让对方满意的事情以表达惜别之情。

以自己的实际行动，不失时机地在一些小事上显示你的关心和体贴，无疑是对下属的最高赞赏，也是调动其积极性、激发职员的热情和干劲的绝佳手段。得到关心和爱护，是人的精神需要。它可沟通人们的心灵，增进人们的感情，激励人们奋发向上，挖掘人们的潜力。作为一个企业管理者，我们对全体员工理应关怀备至，创造一个和睦、友爱、温馨的环境。员工生活在团结友爱的集体里，相互关心、理解、尊重，会产生兴奋、愉快的感情，有利于开展工作。相反，如果员工生活在冷漠的环境里，就会产生孤独感和压抑感，情绪会低沉，积极性会受挫。孔老夫子提出的"仁"，主张的"施仁政"，强调国家的统治者要像爱护亲属一样地对待臣民，道理即在其中。著名军事家孙武则要求将帅一定要爱护士兵。他在《地形篇》中分析道："视卒如婴儿，故可以与之赴深溪；视卒如爱子，故可与之俱死。"如果将帅们能像对待自己的爱子一样对待士卒，就能取得士卒的信任，使之甘愿追随自己赴汤蹈火，这样的军队就无往而不胜。管理者若有如此做法，也将得到员工的信任，使之提高工作效率，以期达到工作目标。

第五节 学会济人于危难，为下属雪中送炭

帮别人，别人自然也帮你；爱别人，别人自然也爱你。所有的事情都是相互的。

出于各种各样的原因，员工的生活偶尔会出现这样那样的困难。你也应该知道，这是一个收获人心的良机，这种雪中送炭、温暖员工心的机遇可不能让它从你的手中溜走！

美国钢铁大王卡内基是世界上出名的大老板，他的突出特点之一，就是他很善于给员工雪中送炭。在他的回忆录中记载着他出道不久的这么一件事：一天，一个急得满嘴是泡的青年员工找到卡内基，说妻子、女儿因家乡房屋拆迁而失去住所，想请假回家安排一下。因为当时人手较少，卡内基不想马上准假，就以"个人的事再大也是小事，集体的事再小也是大事"这类的大道理来进行开导，鼓励他安心工作。不想一下子气哭了这位青年员工，青年员工愤愤地顶撞说："这在你们眼里是小事，可在我眼里是天大的事。我老婆孩子连个住所都没有。我能安心工作吗？"卡内基在日记中写道："一番大实话深深震动了我。"他对"大事"和"小事"进行了很多辩证的思考后，立即去找那位青年员工，向他道歉又准了他的假，而且后来还为此事专程到他家里去慰问了一番。这位后来的钢铁大王当时也才23岁，他

只是在替他父亲管理一些事务。他在回忆录上写的最后一句话是："这是别人给我在通向老板的道路上的第一课，也是刻骨铭心的一课。"

据说古时有个文人自感身世时，说出了一句名言：都来锦上添花，谁肯雪中送炭？确实，人们往往喜欢好上加好，却不愿意将目光放长远些，用"雪中送炭"的方式赢得人心。诚然，"锦上添花"的事是不能不做的，但"雪中送炭"的事更要做，对部属尤其要如此。

雪中送炭和锦上添花都是常用的收获人心的手段，虽然二者都是"给"，都是感情投资，但由于给的对象不同、东西不同、时机不同，效果也自然不同。两者相比，前者更好。因为：

一、对给者来说，相对成本低。一篓"炭"的价钱比一篮"花"要低，如果是金枝玉花，花就更贵了。所以，雪中送炭要比锦上添花更划算。

二、对被给者来说，相对价值高。这个相对价值，主要是实际效用大小的问题。炭对于雪中人来说，实际效用很大；而花对于锦上人来说，实际效用就小得多。

三、对给受双方来说，道义价值都高。锦上添花，有趋炎附势之嫌，道义价值是负的，对下属锦上添花谈不上负的道义价值，但并没有太大意义；雪中送炭，有扶危救困之名，得仁人义士之誉，道义价值之高，可想而知。

四、可送的资源多，送的对象也多。雪中人多，锦上人少。送一个锦上人可以送一批雪中人，相反，搜刮一批雪中人，才能给锦上人添一朵花。所以，锦上添花的结果，是使雪中人雪上加霜，制造一大批苦大仇深、水深火热的人，呼吁拯救。

人们对雪中送炭的人总是怀有特殊的好感。雪中送炭、分忧解难的行为最易引起员工的感激之情，进而形成弥足珍贵的"鱼水情"。

所以说，我们这些管理者要想有效地关爱员工，就要正确地给员工雪中送炭。我们要：

一、平时注意"天气"，摸清哪里会"下雪"。我们应时常与员工谈心，关心他们的生活状况，对生活较为困难的下属的家庭情况要心中有数，要随时了解下属的情况，要把握下属后顾之忧的核心所在，及时发现哪里有"雪"，以便寻找恰当的时机送出"炭"。

二、"送炭"时要一脸真诚。任何人都不喜欢别人虚心假意地对自己，员工也一样。如果他发现管理者"送炭"不过是想利用自己时，就算接受了"炭"，也不会产生感激心理。假如是这样的结果，那你的"炭"岂不是白白浪费了？因此，我们在"送炭"时必须一脸真诚，让当事人和所有周围的旁观者都觉得，你是实实在在、诚心诚意的，觉得你确实是在设身处地地为员工着想，真正地为员工排忧解难。

三、要量力而行。我们对员工送炭要在力所能及的范围内进行，不要开出实现不了的空头支票。送出的"炭"可以是精神上的抚慰，也可以是物质上的救助，但要在管理者本人和企业团队财力所能承担的范围内进行。对于困难比较大的员工，要尽量发动大家集体帮助，必要时可以要求社会伸出援助之手。同时，我们还要处理好轻重缓急，要依据困难的程度给予照顾，不能"撒胡椒面"搞平均主义。

下属遇到困难或受到不公正的对待，需要你搭一把手的时候，作为领导者是装聋作哑还是挺身而出？装聋作哑则从此对于下属再也没有威望和魅力可言，挺身而出则需要承担一定的风险。但是无论如何，对于我们这些领导者而言，这都是"收获人心"的良好契机。如果我们拥有并用活了这种手段，不仅接受"炭"的人会感激不尽，还会感动其他的员工。这样，员工必然怀着感激和尊敬的心理，心甘情愿、死心塌地地追随我们。

第六节　你记住下属的名，他们回报的是情

一个人的名字，对他来说，是任何语言中最甜美、最富有感情的声音。

要想成为优秀的管理者，你得将每个员工都看成一个完整的、活生生的个人。开始时，不管你领导的团体有多大，在四处走动时，至少能叫得出每个人的名字。有人说凯撒大帝能叫得出他军团里成千上万人的名字。他喊他们名字，然后他们为他在作战时卖命。

的确，我们每一名管理者都希望员工知道自己的名字，反过来说也是如此。记住员工的名字，因为他们值得一记，因为记住他们的名字，我们才能进一步去了解他们；记住他们的名字，我们去看他们和让他们看你才有意义。美国西屋公司董事长道格拉斯·丹佛斯说："主管越能明白员工个人状况，就越能量才使用。"

因此，假若你领导的是一个大团队，至少你应该知道几个员工的

名字；假若你领导的团队小，那你是再幸运不过的了！你可以知道得更多一点。

美国前总统罗斯福知道一种最简单、最明显、最重要的得到好感的方法，就是记住对方的姓名，使人感到受重视。克莱斯勒汽车公司为罗斯福制造了一辆汽车。当汽车送到白宫的时候，一位机械师也去了，并被介绍给罗斯福，这位机械师很怕羞，躲在人后没有同罗斯福谈话。罗斯福只听到他的名字一次，但他们离开白宫的时候，罗斯福寻找这位机械师，与他握手，叫他的名字，并感谢他到华盛顿来。

拿破仑三世曾自夸说，虽然国务很忙，但能记住每个他所见过的重要的人的姓名。这说明，能不能记住员工的姓名，与忙不忙没有必然的联系，关键在于是否尊重自己的员工。

当然，记住员工的姓名，并不是一件轻而易举的事，需要下一点功夫。一般记住大量人的名字的方法，主要有以下几点：

一、当下属介绍姓名时，要聚精会神，并记在心里。有的朋友虽然会主动问下属"尊姓大名"，但下属介绍时又心不在焉，人家还没走，他已经忘了人家是谁！是的，有些人记忆力强，有些人记忆力差一点，这我们没办法。但如果你记忆力差，你可以对下属这样说："对不起，我没有听清楚。"让他再说一遍，加深记忆。还可以在听的时候，一边用每个字造成一个词或者一个词组，来加深记忆。比如，你的员工叫马胜长，你就说马到成功的"马"，胜利在望的"胜"，长命百岁的"长"，这就使你印象深刻多了。

二、记住每个人的特征。人有多方面的特征，有外形的特征，如眼睛特别大，胡子特别多，前额很突出，等等；有职业上的特征，如他技术最好，在某一技术、学识上有受人称道的雅号，等等；名字上的特征，有的人名字故意用些生僻的字，或者很少用来做名字的字，有的人名字与某几个人的名字完全相同，这本来是没有特征的，但可把"同姓共名"作为一个特征，再把他们区别开来就容易了。把名字与这些特征联系起来，就不容易忘记了。

三、备个小本本。如果是尊贵的客人，切不可当面拿出小本本来，只能背后追记。但对员工，你可以说："我记忆力差，请让我记下来。"员工不但不会讨厌，还会产生一种尊重感，因为你真心实意想记住他的名字。为了防止以后翻到名字也回忆不起来，除了记下名字以外，还要把基本情况如单位、性别、年龄等记下来。这个小本本要经常翻一翻，一边翻一边回忆那一次会见此人时的情景，这样，三年五载以后再碰到此人，你也可以叫出他的名字来。

四、多与员工接触，百闻不如一见。有不少朋友，一有时间就深入到基层，同他的员工或一起干活，或一起娱乐，或促膝谈心，或共商良策。这样的领导者，不但能叫出员工的名字，连员工在想些什么都能说得出来。

作为下属，谁都希望自己受到上司的重视。特别是在规模比较大的企业中，我们若是能从众多员工中轻易地叫出其中一人的姓名，试想一下，对方会不会感到非常荣幸？如果你的下属都能享受这种待遇，那么他们又怎么会不为你卖力？

第七节 让下属领你的情，他们会用心做事

让别人领你的情，就不愁别人不给你办事；让下属领你的情，就不愁他不用心做事。

人际交往中存在一种亏欠心理现象。什么是亏欠心理呢？亏欠心理在某种程度上，体现的依旧是互惠原则。我们都有这样的体会，社会交往中，当别人给自己一点恩惠或者好处的时候，我们感激的同时，内心深处会产生亏欠之感。为了平衡这种亏欠感，日后我们会想方设法回报对方。

之所以会产生亏欠心理，就因为人是有感情的动物。一般懂道义的人得到他人好处的时候，会产生无限的感激，一点好处被无限放大，进而心中感觉欠对方点什么，只要有机会便想着偿还，这即是亏欠心理引发的不等价交换。例如，历史上有名的军事家拿破仑，之所以在战场上无往不胜，一个重要原因就是，他不断将名誉与头衔赠给将士们。许多将士因此对他感恩戴德，也就是内心对他有负债感，从而更忠诚地支持他，帮助他完成称霸世界的野心。

此外，在人际交往中，如果一个人接受了别人的恩惠，哪怕是再小的恩惠，如果不回报的话，他就会遭到他人指责和批判甚至孤立。迫于周围人或舆论的压力，他也会产生亏欠感，进而给予施恩者以回

报。例如，一群朋友聚在一起出去玩，吃饭时 A 付了钱，那么唱 KTV 的时候，B 或者 C 或其他人会主动掏钱。如果某个人只知混吃混喝混玩，打破了大家约定俗成的这种规矩，一次两次大家可以包容，次数多了，他一定会遭到大家的鄙视和排斥，没人愿意再和他来往了。

既然人们容易产生亏欠心理，并经常会在这种心理驱使下对周围的人产生感激不尽、投桃报李的情怀，那么我们在对待下属时，不妨就运用这种策略，抓住员工的感恩心理，对员工施以小恩小惠，更好地领导员工。

传说，古代有一位元帅在统御下属时，便深谙此道。

这位元帅上任之初便看中了手下的三位小将，这三人要文有文、要武有武，都是将才。可是，越是有能力的人，往往越不好管理，为了让他们对自己俯首听命，这位元帅可是费了不少苦心。

当时，这位元帅奉命招募新军，他将所招人马分成三营，每营由一位将军统帅。在任命各营将领时，元帅一改往日的指派法，而是宣布"竞争上岗"，由考试定胜负，每次只取一人。

第一次，他所看中的一位小将考取。

第二次，又一位小将考取。

在他所看中的三人中，自认才华最高、不落人后的那位小将，却连续两次名落孙山，现在只有最后一次机会了，他十分紧张，担心要是再考不上就要屈居人下了。

第三次考试的前一天晚上，正当小将闷闷不乐地准备明天的考试时，传令官忽然来找他，说是元帅叫他过去。到了帅府，元帅却只是东拉西扯，谈了些不着边际的话，把这位小将弄得满头雾水。临走的时候，元帅塞给他一张纸条，丈二和尚摸不着头脑的小将回到家中，急忙打开纸条一看，上面竟然是这次考试的试题。他不由得大喜过望，连夜准备，第二天胸有成竹地参加考试，果然高中第一名，成了第三营的将领。

这位小将深感元帅的大恩，决心誓死相随，终身相报。

后来，三位小将都成了国家的重要将领，各辖一军，纵横沙场。某日，三位将军聚在一处叙旧，谈及元帅的帮助时，那第三位小将仍然感激涕零、念念不止。谁知另两位将军听了，不由得相视大笑。原来当年他二人考试之前也得到过元帅的纸条。

这位元帅的方法真是妙不可言，既可以提拔自己看中的将士，又让他们对自己感恩戴德，还能让没升官的将士心服口服，最后还给提拔上来的将士制造了很高的声誉。真是一箭数雕啊。

从做人处世的角度来看，元帅的这种策略也是十分值得揣摩的。事实上，善于做人处世的高手都是善于以感情作为切入点，进行人际交往，因为投入一分感情，别人就会还以双倍利息的人情回报。而且，感情是越积累越深厚的，而人情债更是永远也还不清的。

人是高级的感情动物，注定要在群体中生活，而组成群体的人又处在不同的级别，适时进行感情投资，让下属欠你的情，他们一定会对你俯首帖耳。

比如，倘若下属情绪低落，我们不妨给他安排一点清闲的工作，让他换一下心情；倘若下属好面子，那么最好不要当众指责他，而是在背后"严加教育"；倘若下属有什么困难，及时伸出援助之手，等等。这些，都是情商高的领导常用的策略。当然，我们在默默付出的同时，还要引导下属发现你给他的人情，这样才能达到"情服"的效果。

不过对于这一策略的运用，我们还应注意对下述几点的把握：

一、不要一味求回报。正所谓"施恩勿念"，从根本上说，人与人之间的相互帮助、友好交往，是社会的公德，未必都要得到回报。即便我们是"有目的"地施恩，亦应保持平常心，倘若一味要求下属的回报，反而适得其反、弄巧成拙，使自己的形象在下属心中大打折扣。

二、不受重物。回报是基于人情的一种礼尚往来，应该是一种心意，倘若受惠者以重物回赠，那么你的施予就变了味道，长此下去，你的境地就危险了。

三、拒收贿赂。有人会借着"报恩"的外表，向你发送"糖衣炮弹"，其意图明显，结果可想而知。对此，你必须挺住诱惑，不为贿赂所动，秉持正气，做正直的人。

其实对于我们这些管理者而言，最厚重的给予，莫过于为下属员工搭建一个充分施展才华的平台，让他们放开手脚去发展自己的事业。这样，他们一定会对你"感激涕零"，而他们的发展，也一定会促使你的事业更上一层楼。

第五讲　相马篇

精华论点：

比尔·盖茨：就我而言，我最成功的商业决策在选人方面。跟我的副手保罗·艾伦合作可以说是我最成功的一次决策。其次就是雇用好友史蒂夫·鲍尔默，这些年来他一直是我重要的商业合作人。

开篇语：

用人之事，每一个管理者均有自己的方法，但并不是所有的管理者都能把人用得恰到好处。用人的学问在于：如何把优秀的人才选拔出来，放到合适的位置上用好用活。唯有如此，高效工作的局面才会随之而来。

第一节　站好伯乐这班岗，别让人才离了网

有了人、善用人，我们就会拥有一切；没有人、不善用人，我们就会失去一切。

管理的核心是什么？美国著名经营专家马考尔告诉我们——"管理之本在于用人。"我们管得是否科学，关键要看用人用得是否科学；我们管得是否艺术，关键还是要看用人用得是否艺术。

毫无疑问，人才才是企业之本，这道理知易而行难。事实上，衡量一个团队是否具有实力，不单单要看它拥有多少财富，更要看它拥有多少人才。假如说我们的企业不重视人才、不善用人才，那么，损失最大的一定不是人才个人，而是我们的企业。这个道理一说就明。人才，他本身就具有很大的可选择性，如果说我们对其不加以重用，他感觉自己的才能无法得到发挥，那么，他完全可以退而独善其身，利用我们能够提供的一切便利条件，不断地充实自己，积累学识、经验、关系、资历和资金，时刻准备着，准备着一有机会就择木去栖。但这对我们来说却是很不划算的，这就好比我们花高价卖了一台iphone5，但只会用它来接打电话，收发信息，浪费了iphone5许多其他功能一样，支出不少，却未能物尽其用，人尽其才。结果是，劳心又费力，却为别的企业、甚至是竞争对手不断地

做嫁衣裳。

　　这是很需要引起我们注意的，我们既然有纳才之心，就一定要让自己精于用才之道，让每一个人才都能真真正正地以企业为家。事实上，一个职员是否以企业为家，是否把团队的事业当成自己的事业，两种状态下，他能够发挥出的潜能以及做出的成绩是有着天壤之别的。把团队当成归宿的人，纵然资质平平也会脚踏实地，不断充电，关键时刻甚至有可能超常发挥，令人眼前一亮；对团队没有归属感的人，纵然才华横溢，也很难发挥一二，因为他们"身在曹营心在汉"，必定心神恍惚，用心不专，到头来可能也是"徐庶进曹营——一言不发"。

　　相信没有一个领导者愿意自己的属下都是"徐庶"，这就要求我们：

　　首先必须提高对管理的认知，我们得知道：由心而发的求才若渴、知人善用，与完全实用主义地笼络人才、利用人才，根本就是两个概念。后者不会令人才对团队形成向心力，这可能会令团队分崩离析。因为，你今天蛇多养鹰，兔死狗烹，那么明天人家当然也可以饥则来附，饱则思扬了。

　　其次，要善于识别人才。人才各有特色，不尽相同，譬如说：有挑梁之才，亦有奠基之才；有忠厚朴实之才，亦有巧言善辩之才；有随机应变之才，亦有老成持重之才，等等，不一而足。有的人才锋芒外露，其可用之处一望便知；有的人才则玉韫珠藏，偶尔露峥嵘。这就需要我们去望、去闻、去问、去切，将使用该人的利与弊断个清楚，想个明白，确定什么样的人可用，而什么样的人纵然才华横溢亦不可用。

当然，"人视之如顽石，我视之为璞玉"的情形，在管理中也不少见。这需要管理者具备很强的洞察力，对于大多数朋友来说，可能有一定难度。但如果我们令一个个人才就那样从自己的眼皮子底下溜走，反而到别处甚至是竞争对手那里却大放异彩，那就不能不说我们的眼神有问题了。

中国有句古话说"人不可貌相，海不可斗量"，是告诫人们不要以貌取人。找对象如是，交朋友如是，识别人才亦如是。人的相貌都有美丑之分，但这不是衡量心灵和才能的标准，事实上，从古至今"金玉其外、败絮其中"的人就不在少数；同样，容貌普通甚至是丑陋，但却忠心耿耿、能力非凡之人亦比比皆是。所以，我们识别人才不能凭自己的感觉，感觉带有太大的偶然性，跟着感觉走，你很可能握不住人才的手。

当然，能识人才，这还不够，更重要的是善用人才。善用人才，不单单是说要使人才得到合理使用，还要对人才有所挖掘、有所扶持、有所容纳、有所鼓励。一言蔽之，我们对人才既要能用，又要能保养。

这也就是说：

我们对人才可以严格要求，但不能过分苛求。正所谓"金无赤金，人无完人"，谁都不能保证自己事事处理妥当，就算我们这些做领导的也不例外。尤其是那些新人，他们初来乍到，人生地不熟，你要他们一上来就做得丝丝入扣、面面俱到，这怎么可能？这不现实！是故在给这些人安排工作时，我们事先应该有所布置，不要把命令扔给人家便不管不顾，让他们自己去摸爬滚打，干得好了我们有功，干不好是他们无能，我们无过。这不是卓越领导所该持有的态度，这也不是在爱护人才，这样的领导貌似太好当了，简直就是甩手掌柜嘛。

我们既然要爱护人才，就要扶他们上马，甚至还要牵着缰绳送上一程。如果说他们因为业务不熟犯了错，那么可别一棍子把人打死，这样一来，哪还有人才可供我们使用呢？要知道，人都是会犯错误的。换而言之，我们可以去纠正、去批评，这还是有些必要的，但最重要的还是引导，要慢慢把他们带上正路，这才是领导工作的实质——发挥导向的带领作用。

另一方面我们需要注意，但凡那些有才能的人，一般都是颇有一些个性的，所以我们这些领导者必须练就豁达的胸襟，要看得惯他们的张扬、受得了他们的清高。否则，人才在我们的严厉束缚之下，要么不堪忍受、逃之夭夭；要么韬光养晦、无所作为；要么变得唯唯诺诺，成为庸才。

最后要说的是，虽然每天都有很多人在求职，然而细究起来，真正能称为人才的毕竟只是少数。所以我们这些做领导的一定要注意自己的态度，不要以"你这样的人，人才市场上俯拾皆是"的姿态傲慢待人，这样很容易与人才擦肩而过。因为人才最受不了的就是这个，他们也会以同样的态度回敬你——你这样的公司，遍地都是，此处不留人，自有留人处！

第二节　将赛马机制引入，让人才脱颖而出

给他比赛的场地，帮他明确比赛的目标。比赛的规则公开化，谁能跑在前面，就看他自己了。

在人才选拔方面，中国传统文化讲"相马"，不断呼唤伯乐的出现。但现代管理则不同，现代管理提倡"赛马"，因为"赛马"显得更科学、更有效。

提到赛马，这里还有一个故事，与大家分享一下：

据说一家大公司总经理需要调任，董事会对各部门经理进行一番考核以后，确定了两位候选人，我们且称之为甲、乙。甲乙二人论日常工作表现和业绩都不相上下，但总经理职位只有一个，该选谁呢？怎么样才能选拔出来一个真正的管理人才，而又让另一个人服气呢？这家公司的总裁灵机一动，想到了一个办法——因为甲乙二人皆善骑马，所以总裁决定以赛马定输赢。

这一天风和日丽，总裁邀请两位候选人来到马场。当二人应约而至时，总裁牵着两匹同样优秀的马走出来，说道："我知道你们都是马上高手，这里有两匹不相上下的良马，现在请你们二人比试一下，谁胜出，谁就做总经理。"

"甲经理，我把这匹白马交给你，而乙经理，你骑这匹黑马。"两

位候选人接过马缰以后，仔细做了一番审视，包括马鞍等用具，生怕有所疏忽。

甲经理心里暗自高兴："幸亏我一直坚持练习马术，看来，这次总裁之位是我莫属了！"想到这里，更是喜不自胜。

谁知，总裁宣布的比赛规则大出二人意料——"你们骑着马跑到马场的另一边，然后再跑回来，谁的马慢，就算谁赢。"

"什么！"二人瞠目结舌，半晌说不出话来。

总裁看着二人的样子，提高声音重复道："记住，这次是比慢，谁的马慢谁胜出。下面，请各就各位，我数三下比赛便开始。"

"一、二、三，开始！"

话落，甲乙二人仍呆立原地，不知如何是好。又过了一会儿，乙经理突然灵光一闪，迅速跳上甲经理的白马，然后快马加鞭地向着前方跑去。将自己的马留在原地。

甲经理看到乙经理的举动，心中甚是诧异："他怎么骑了我的马？"

当他想明白个中缘由，显然已经迟了。他自己的白马此时已经遥遥领先，而乙经理的黑马还留在原地，任他怎样追也再难追上自己的马了。结果可想而知，甲经理的白马率先抵达终点，甲经理输了这次比赛！

这位总裁绝对是别出心裁，他的"赛马机制"很新意，若是甲乙二人依据常规模式比赛，那么场面一定非常滑稽，他们都会裹足不前，这种场面当然不是总裁希望看到的。幸好，他的"赛马机制"确实达到了想要的效果。事实证明，乙经理要比甲经理略高一筹，他敢于创新、善于应变，这是一个决策者必备的素质，要知道，没有这两下子，

是根本无法保证企业安稳的。

当然，这并不是完全意义上的"赛马机制"。其实不少朋友可能都存在这种认识上的偏差，认为时下流行的竞争上岗就好比"赛马机制"。事实上，这两者还是有差别的，准确地说，竞争上岗仍然是"相马"。只不过"相马"的人由一个伯乐变成了一群伯乐而已。那么，既然仍是相马，为什么还有这么多的组织竞相采用呢？为什么有这么多的人把它称为"赛马机制"呢？为什么它还能取得很好的效果？这是因为，虽然竞争上岗不是真正的"赛马机制"，但由于其特有的"群体相马"形式，加上某些"赛马"的因素，给企业选择人才带来了一些机制上、心理上的变化，因而取得了较为不错的效果。

按照真正的"赛马机制"，组织选人时，应该让所有的竞争者在岗位上试用一段时间，最后留用实际业绩最好的人。而在实际操作中，受各种因素的制约，大家只能根据竞争者的知识背景、性格特点、所受教育和在其他岗位上的表现等，推测他是否能够胜任该岗位的工作。

目前，这种"推测"选人的做法十分普遍：组织部门对干部的考察，就是根据干部政治表现、群众基础（德）、工作作风（勤）、能力与知识背景（能）、实际业绩（绩）等对其进行综合评价。猎头公司对人才的"猎头"，也采用"推测原理"。例如，甲公司委托某猎头公司招聘财务总监，猎头公司就从乙、丙、丁等企业的现任财务总监中找条件符合要求、本身又有意向的人向甲企业推荐。显然，这种"推测"成功的可能性很大，因为它是从其他公司的同种岗位上寻找最适合的人，等于把在其他同层次的赛场中得到冠军的人，聘到本赛场进行比赛，获胜的希望当然更大。

　　不过，在国内，也有人开始逐步在自己的团队中引入"赛马机制"。海尔集团的总裁张瑞敏就是其中之一，他说"中国缺的不是人才，缺的是出人才的机制"。为此，张瑞敏从一接手这家企业，对人才的选拔使用就提倡"赛马"而非"相马"。他不用"伯乐相马"，而是提供"赛马场"，在企业内部创造一种人才竞争机制来选拔人才，使员工管理处于一种动态的机制下。

　　张瑞敏之所以提倡"赛马"而非"相马"，正是因为他也是自己亲身体会到了"伯乐相马"的弊端。

　　张瑞敏说："我是老三届学生，参加工作是从'被领导'开始的，知道单凭领导印象、感觉的好恶来提拔干部，往往弄错，而且容易伤大多数人的积极性。那时候，我就看不惯一些单位的领导任人唯亲、拉帮结派。到自己当了企业领导，我就一定要创造一个完全平等竞争的空间，给海尔每一个愿意干事的人才以发挥才干的舞台。"

　　中国历来把世道清平、人才解放的希望寄托在清官、好皇帝身上，"伯乐"的故事千古流传就是这种传统心态的体现。张瑞敏解释："伯乐相马"在封建社会可以，在市场经济条件下，"相马"作为一种人事制度，不规范，不可靠，这种把命运拴在别人身上，出人才的效率是很低的。由少数人说了算的选人路子肯定不能做到最大限度地选用优秀人才，也不可能做到公平。要做到选人的公平、公正、公开，"赛马"才是真正值得信赖的好制度，激发人的活力，让人才脱颖而出。

　　那么，我们怎样才能使"赛马机制"在自己的团队中获得成功呢？这其实并不容易，很多关键环节都需要我们进行科学策划、严密组织与慎重实施。具体来说，有以下几个最关键的问题尤其需要我们注意：

首先，方案要科学、公正、透明。赛马机制方案必须进行科学的策划。从发动、报名、初选、竞争答辩到现场陈述的格式、评分的详细标准、评委的产生办法、优胜者产生办法、聘用条件，甚至如何出题、如何保密、现场抽题办法等，都需要提前写出方案，并向员工公布。只有方案本身是科学严密的，才能保证竞争结果的公正性。

其次，执行中要绝对避免"暗箱操作"。在赛马机制中，最忌讳的就是"暗箱操作"。这是实施赛马机制前，我们这些企业主要管理者要达成共识的首要问题。如果管理者进行干涉，那么评委在评分时必然会出现分数与竞岗者表现不符的情况。员工的眼睛是最亮的，一旦问题暴露，"赛马"就会变成滑稽表演，影响极端恶劣。

再次，做好发动与培训很必要。有两种消极心理会形成"赛马机制"实施的阻力——当大部分岗位没有报名者时，可能是它们在作怪：一是陪练心理——因为人选早已内定，报名也只是陪衬；二是顾虑心理——虽然想竞争，但是因为怕被人误解为"有野心"，或"向管理者叫板"，而不敢报名。这两种心理阻力如果不能消除，再好的"赛马"方案也无法取得效果。想消除阻力，前期发动与培训是关键。培训中除了理念培训、方案讲解、外出参观等措施外，一些必要的辅助性措施也很有效。

最后要说的是，"赛马机制"虽好，但也不能生搬硬套。你看海尔的人才选用机制很不错，你直接拿过来用在你的团队中，这肯定不成。因为每个团队都有它自己的特质和背景，适合你的才是最好的，东施效颦、邯郸学步的结果往往是"画虎不成反类犬"。我们在"赛马机制"中所要学习的，应该是自己缺少且又非常需要的；是最适合自己又最能被接受的。学了以后，我们要尽快地将其消化吸收，随之健全完善，从而形成个性化的、与我们团队文化背景相协调的人才机制，这才是最有效、最实用的。

第三节　人才若能巧搭配，干活既快又不累

如果把两个能力、经历、资历、性格、年龄相当的人放在一起，很容易"碰撞"、"排斥"；但如果一柔一刚、一老一少、一男一女地加以组合，结果可能就大不一样。

人才是企业最重要的资本，这是现代管理者的共识。而如何使用人才，使人才能以一当十，以十当百，则是我们这些管理者需要不断思考的问题。其实，人才组合不一定都要追求"强强联手"，重要的是要追求优势互补，将不同类型的人才进行合理的搭配。

很显然，人事调配并不是简单的事。由于每个人都重视自己的意见和观点，相互排斥的现象时时都会发生。但是，人际关系如果无法密切配合，团队的政策就会很难贯彻。所以说，我们用人，不光要考虑其才能，更要注意人员的编组和配合。比如，一个部门有三个经理，他们平级而无主从，此时，最好的安排是：一个富有判断力，一个具有协调的本事，另一个擅长行政事务，在这种人力资源状况下可组成一个有头脑、善协调、有生气的管理集体。如果三个人都擅长决断，

意见相左时，势必各行其是，谁也不听谁的；如果三个人都具有行政能力，遇事就难有人出来拍板，而陷于琐碎事物中；如果三个人都只有协调能力，既无人决策，也没人做实际工作，那也干不成事情。

在硅谷就流传着这样一条"规则"——风险投资人的首选是有两个 MBA 和 MIT 博士组成的创业团队。当然，这只是个流传的故事，但其中却蕴含着这样一个道理——团队的成功需要良好的组合，倘若组合搭配不好，就势必会影响整个团队的运转。

今天，竞争形势愈演愈烈，每一个团队、每一个领导人都应注意合理地搭配人才结构，注重人才优势互补，只有这样，我们才能实现团队"1 + 1 > 2"的整体功效。

其实，有关这一点中国的古人早已有所领悟。譬如曹操，他不仅善于招纳人才，任用人才更是有一手。以"曹操留书镇合肥"为例。

建安十九年，曹操亲自统兵东击孙权，退军之时，他留下张辽、乐进、李典三位武将及护军薛悌共同镇守合肥。翌年，曹操又率军西征张鲁，临行前，他遣人送信给薛悌，上书——"贼至乃发"。不久，孙权果然亲自率军来夺取合肥，薛悌急忙打开信函，只见：如若孙权来攻，可教张辽、李典二位将军出战迎敌，乐进将军在城中守寨，而护军，千万不可与孙权兵士交战。此时此刻，合肥守军共计七千余人，人数上远远不敌孙权，四人感到有些疑惑，在如此敌众我寡的情形下，还要分兵出战，这是否是上策呢？还是张辽经验老道一些，他说："主公远征张鲁，根本来不及回身驰援我们，若死守孤城，无须多久便会被孙权攻破，我们都会成为阶下囚。主公之意，是叫我们趁孙权喘息未定之时，便出兵突袭，一来可杀杀他们的锐气，而来可以振奋我们的士气，稳定军心，然后便可以守城了。你我的生死就在此关键一战了，大家还有什么疑惑吗?"李典一干人等听闻之后，均表赞同。于是，张、李二人当夜便招募敢死队八百人，杀鸡宰牛犒飨一番。

再说这边孙权令吕蒙、甘宁为前锋，自己和凌统居中，带领诸将直奔合肥，兵马行至逍遥津，张辽、李典左右杀出。张辽身披铠甲、手持矛戟，身先士卒，奋勇向前，连杀数十人，斩将二员，高呼自己的名讳，直杀到孙权麾下。孙权见张辽来势凶猛，甚为惊恐，亏得他身边的将士死命相救，才跃马过桥而去。凌统所带三百余人，皆被杀死，凌统身中数枪，绕桥而逃。吕蒙、甘宁皆死命奔逃，才到达河南岸与孙权会和。这一阵杀得江南人人害怕，闻张辽大名，小儿不敢夜啼。

这一战，吴兵锐气尽丧，张辽等人回到营中，众人之心才安定下来。东吴军队眼见一时难以攻下合肥，便心生懈怠之情，围了合肥十几天，就撤军退回吴中了。孙权在大军撤去之时，自己与几名将领留在逍遥津观察敌情，张辽登高望远，发现孙权，就率步兵骑兵前来捉拿，吴中大将甘宁、吕蒙、凌统等都拼死保护，孙权才得以逃去。

后世不仅赞扬张辽的骁勇，更是对曹操调兵遣将深表钦佩。张辽之勇，不在许褚、马超之下，又有谋略，杀敌冲锋，乃是良将。乐进性格持重，守城最佳。他料定孙权自持兵多，会有所轻敌，而张辽等人正好可以趁孙权大意之时以迅雷不及掩耳之势来给他来一个突然袭击，一如张辽所言"及其未合，折其盛气"。可见，曹操之"雄"，不仅仅在于他的谋略上，其用兵遣将更是让人拜服。

曹操在这方面很值得我们学习，其实无论在哪一个人才结构里，人才因素之间都存在着个性差异，每个因素的气质、性格都各有不同。例如，有的脾气急，有的脾气缓；有的做事细致、耐心；有的办事麻利、迅速。这些不同的个性特征，都可以从不同角度对工作产生积极作用。如果每个人才因素都是一种性格、一种气质，工作反而难以做好。例如，全是急性子的人在一起，就容易发生争吵、纠纷。这和物理学上的"同性相斥"现象极为相似。个性互补，有利于把工作做好，中国女排的崛起就是个鲜明的例子。原女排教练袁伟民是这样总结的："一个队十几个队员应该有各自的个性，这个队打起比赛来才有声有色。如果把他们的棱角都磨光了，那这个队也就没有希望了。"这话讲得非常有道理。一般而论，人才都有着鲜明的个性特征，如果抹杀了他们的个性特征，就等于抹杀了人才，只有把他们组织在一个具有互补作用的人才结构中，才能充分发挥他们的作用。

那么，在现代管理中，我们究竟要如何才能掌握合理搭配人才的技巧呢？大家可以考虑以下几点：

一、高能为核。企业必须以能力高的人为核心，才能荟萃群英，调动各方面的积极性和创造性。所以，必须选好企业的最高领导者和各部门的正职。在各部门的工作中，也要注意培养各领域的带头人，作为一个个"高能核"发挥凝聚作用。

如果一把手能力欠缺、水平不高、独断专行，再好的副手和下属也难以发挥应有的作用。许多人辞职就是因为上司无能，自己不但不能学到东西，而且觉得备受压抑、前途无望。这样的企业又怎么会赢得激烈的市场竞争呢？

二、异质互补。不同专业、性格、气质的人在一起，往往能互相激发想象力，各司其职，各得其所。任何一个企业在配备人才，尤其是领导班子时，一定要注意才能、性格等各方面的互补。班子成员中既有统御三军的帅才，又有领兵打仗的将才，还有协调八方的相才、执行决策的干才、精通业务的专才。如果大家的性格、能力都差不多，不但无法互补，还容易造成相互排斥、相互否定，甚至相互拆台，形不成整体合力。

三、德才不逾。贤能取舍是一个自古以来争论不休的问题。我们说"高能为核"，前提是坚持品德的要求，特别是企业的重要领导岗位。品德败坏的人是不能交予大权的，他们能量越大，危害就越大。

团队的领导不仅要指挥企业获得经济效益，还必须以自己的人格魅力取信社会、征服下属，才能带领企业走向真正的、长久的成功。所以，团队合理的人才结构是"贤者在上、能者居中、工者在下、智者在侧"。智者在侧，是说企业要组成智囊团，他们不参与直线职能，而是集中精力于制定高瞻远瞩的战略战术。对于单个的人，委任时也要考虑其品德。有德有才，信而用之；有德无才，帮而用之；无德有才，防而用之；无德无才，弃而不用。

四、同层相济。首先，我们要让企业的中、高、低各层次人才保持合适的比例。虽然各企业不同的产品特点、组织结构，导致比例各异，但一般说来，同一个层次的人不可过多，比如公司副职。否则他们在升迁等问题上就会"撞车"，在日常工作中也容易扯皮和彼此拆台。其次，让不同部门的同层下属保持一定的可比性。加入 A 部门的一般职员的能力比 B 部门的经理都强，人们便会抱怨 A 部门，而想方设法挤到 B 部门或者其他水平不高但升迁很快的地方去。这会使公司陷入混乱。

五、动态调整。企业面临的外部环境是不断变化的，所以人才的搭配不能一劳永逸。我们可以不断寻求最佳的人才搭配，如年龄、性别、专业技能等方面的比例和组合等。还可以通过选拔、招聘、晋升调任、开发培训等方法来调整。另外，当企业目标、工作情况有大的变动时，须做出较大范围甚至全面的调整。

合理地搭配用人，不仅能充分发挥每一个人的个体作用，而且可使群体作用功能达到 $1+1>2$ 的状态，并在整体上取得最佳效果。随着现代科学技术的发展，很多研究、攻关项目是需要体现多边互补原则的。这里既需要有知识、能力互补，又需要性格、年龄等方面的互补。

另外，我们在用人过程中还应注意在一定程度上打破部门壁垒，有针对性、有计划地让人才作合理流动，让人才能在各方面学习，在更广阔的天地里发挥作用。同时，这也是一种培养全面人才的手段。如果人才不能合理流动，在小环境里，容易窒息人才，使团队丧失活力。

总而言之，我们做管理者的，不仅要看到单个人才的能力和作用，更重要的是要组织一个结构合理的人才群体，要将不同类型的人才进行合理的搭配，并把他们放在最合适的地方，互补互足，相互启发形成一个有机的整体。通过这样合理的组织结构来弥补人才的不足，以求达到人才使用的最佳效能。

第四节　看人还要看优点，取其长而避其短

倘若一个人不看孔雀那美丽的羽毛，只看到孔雀开屏露出的屁股，就武断地认为孔雀是丑陋的，那就实在是有失公允了。

俗语有云："好钢用在刀刃上"，又说"骏马能历险，犁田不如牛；坚车能载重，渡河不如舟"。它们所表达的意思就是——适当的

人和物要用在适当的地方，即企业管理上常说的"人岗匹配"。也就是说，我们这些管理者在用人之时，一定要注意用其所长，避其所短，用人就用其最优秀的部分，这样才能实现企业效益的最大化。

我们用人当取其长而避其短，为的不外乎是识人所长。识人的目的是用人，因此，着眼点就应放在一个人的长处上，注意力集中在一个人的优点上。正如管理专家克拉克所说："一个聪明的管理干部审查候选人绝不会首先看他的缺点，至关紧要的是，要看他完成特殊任务的能力。"清代思想家魏源也指出："不知人之短，不知人之长，不知人长中之短，不知人短中之长，则不可以用人，不可以教人。"坊间更是有句俗语"尺有所短，寸有所长"。都是在告诫我们这些管理者：各种人才各有各的用处，把他们都放到相应的岗位上，各种人才相互配合，则能形成一种最佳的企业整体经济效应。

事实上，我们的管理方式来自于溶化在我们血液里的文化，中国人传统的思维方式的主体是改正缺点、日臻完善。但是人无完人，作为管理者、员工，我们自己又何尝不是各有长短？所以，我们要把目光从客户转移到我们的员工身上，把目光从员工的缺点转移到员工的优点上，给他创造一个更好的工作氛围和环境，真正地从内心关心他们、爱护他们、包容他们，帮助他们用最擅长的方式去更好地投入到工作中。

能不能用他们所长、容他们所短，这可以说是对我们这些管理者最大的考验。

有这样一件事情，在一次工商界聚会中，几位老板谈起自己的经营心得，其中一位说："我有三个不成材的员工，我准备找机会将他们炒掉，一个整天嫌这嫌那，专门吹毛求疵，一个杞人忧天，老是害怕工厂出事，还有一个经常不上班，整天在外面闲荡鬼混。"另一个老板听后想了想说："既然这样，你就把这三个人让给我吧！"

这三个人第二天到新公司报到，新的老板开始分配工作：喜欢吹毛求疵的人员负责产品质量；害怕出事的人让他负责安全保卫及保安系统的管理；喜欢闲荡的人让他负责商品宣传，整天在外面跑来跑去。三个人一听职务的分配和自己的个性相符，不禁大为兴奋，兴冲冲地走马上任。过了一段时间，因为这三个人的卖力工作，居然使工厂的营运绩效直线上升，生意蒸蒸日上。

有道是："水不激不跃，人不激不奋。"如何使人力资源发挥最大效能，用人者扮演着乐队指挥的角色，起着至关重要的作用，如果说我们能像上文中那位管理者一样，懂得用人所长，容人所短，就能令团队形成"智者尽其谋，勇者尽其力"的踊跃局面。因此说，我们看人应首先看他能胜任什么工作，而不应千方百计挑其毛病。

当然，我们在用人所长的同时，也要能言其所短。短处包括两个方面：一是人本身素质中的不擅长之处；二是人所犯的某些过失。

其实，任何人才，有其长必有其短，识别人才重要的一点就是不可以短掩长。倘若识人，只注意某一个侧面，而这一侧面又正好是人才的缺点或短处，于是就武断地下结论，那么，这种识才的方式是非常危险的，大批人才将被我们抛弃和扼杀。在我们的管理生涯中，每天都要接触到许多人，而每个人都有许多长处值得学习，可以成为我们的良师益友。例如，在一个企业里，就有许多小"能人"：有的写了一手好字；有的擅长绘画；有的是象棋盘上的英雄；有的是篮球场上的闯将；有的阅读了大量的古今诗词；有的通晓中外地理；有的富有数学家般敏捷的思维；有的具有歌唱家的天赋……多向这些员工学习，不就可以使我们——置身于万绿田中的小苗——增添一些知识的养分吗？

"择其善者而从之，其不善者而改之"的态度和精神，也体现了与人相处的一个重要原则。随时注意学习他人的长处，随时以他人缺点引以为戒，自然就会多看他人的长处，与人为善。这不仅是提高自己修养的最好途径，也是促进人际关系和谐的重要条件。另外这对于指导我们处世待人、修身养性、增长知识，都是很有裨益的。

第五节　让人才各就各位，让才能发挥到位

一个公司要充满生机，前提是人人有其责，事事有人做，时时见效率。

在西方流行一种"能力致胜法"，即有多大能耐，就干多大能耐的事。这是我们这些管理者用人的一个方面。毫无疑问，处理人事关系是我们案桌上的大事，因为它属于开发人力资源的问题。解决不好这个问题，我们就会被拖得精疲力尽。

简单地说，每个人都有自己的特长和弱项，然而一个团队里的职务就是那么多，如果根据取长弃短的原则给每个人安排一个职务，显然是不可能的。如果硬要安排，只能是形同虚设，毫无意义。所以，高明的管理者应善于因事设人，而不会因人设事，应该尽量坚持取长

补短的原则，给每个下属安排一个最适合的职务，但又不顺从他们，而是在职务的限制下自由发挥。这就是因事设人。

举个例子说明一下：

L电器公司董事长赵某面临着艰难的抉择。他手下有两名爱将，多次临危受命，都曾为公司的发展立下过汗马功劳，且一直对自己忠心耿耿。如今，前任总经理年迈退休，他要在二人之间选出一个扛大旗。可是，该选谁呢？A君的特点是做事善始善终，B君的特点是精力充沛，能够多管齐下，一年内做出很多事来。按理说，二人论能力、论资历，都可以荣任总经理的职位，提谁上位，另一个势必心里不舒服。这两个爱将，老总一个也不想伤害，可又不能设置两个总经理职位。

思前想后，老总决定让二人来一个竞争上位，谁在一个月内完成的销售额高，谁就做总经理一职，另一个则去做公司的人事总监。二人欣然领命。结果，善于多管齐下的B君胜出，而A君愿赌服输，毫无怨言地去担任自己的人事总监了。

事实证明，赵某的这次任命是非常成功的。A君老成持重，善始善终，将人事工作处理得井井有条，B君思维敏捷、果断干练，令公司的业务蒸蒸日上，整个企业呈现一片欣欣向荣的景象。

其实，赵某或许心中早已选定B君为公司的新任总经理，只是害怕伤害A君，所以迟迟无法做出决断。他倡议的"竞争法"其结果或许早已心中有数，但只有这样做才能让A君不生怨言，心服口服——毕竟自己能力有限，B比自己更适合做总经理。赵某的做法堪称高明，他因事设人，既稳定了爱将的情绪，又将他们任命到了各自合适的位置上，既避免了伤元气的内部争斗，又使公司走向了稳定、发展的局面。

"因人设事"之所以与"因事设人"相对立，是因为它们体现了两种不同的用人态度和方法。我们这些管理者不应该漠视公司的实际需要而安置"多余人"，安置"多余人"只能给公司带来人浮于事的不良效果。因此，"因人设事"是我们不可不重视的戒律。一般来讲，"因人设事"有 8 大弊端：

一、使公司管理出现人员"拥挤"的现象，从而使公司效率低下；

二、给公司管理带来复杂的人际关系，以至于形成"关系网"；

三、由于人浮于事，从而使公司的具体工作没有秩序，没有标准；

四、会把公司的本位工作置于次要地位，而夸大人情的作用；

五、会使公司在复杂的人际网络中逐步失去内在的活力和竞争能力；

六、会使公司人才遭到创伤，因为不正常的人际关系会制约有用人才发挥作用；

七、会给公司岗位职责带来破坏作用；

八、会给公司带来"僧多粥少"的管理困境，从而造成经济效益短缺，财政支出浪费的现象。

当然，"因人设事"的弊害不止于此，其中最致命的一点就是会给团队合理运用人才带来负面效应，从而使团队彻底丧失内部管理机制，出现任人唯亲的恶果。所以，我们若是一位对团队抱有责任感的管理者，就一定要在"因人设事"与"因事设人"两方面做出正确的选择，大体上说，我们应该这样做：

一、让人才各就其位

事业为本，人才为重，人事两宜是管理者用人的重要原则。人事两宜，包括两个含义：第一按照需要，量才使用。社会的发展不仅迫切需要各方面的人才，而且也为发挥人才的作用开辟了广阔的道路。积压人才，用非所学，不把人才分配到最能发挥其专长的地方去，强人所难，就会影响团队的发展。第二要了解人，而且要了解得彻底，还要有全面的观点，在使用人才时要职能相称，量才适用，适才所用。人才是有不同层次和类型的，要做到大材大用，小材小用，使相应的人才处于相应的等级岗位，把人的才能、专长与岗位、职务、责任统一起来。

所以我们在选人用人的时候，不仅要考虑全局，教育下属服从需要和分配，而且必须考虑他们的志趣、特长、气质、能力，做到合理使用，让每个人去干自己最擅长的工作，为他们提供充分施展才能的条件和机会，不要强人所难。这样既能避免大材小用，造成人才有余，浪费人才，也能避免小材大用，才不称职，贻误工作。

二、让人才尽其所长

那些高明的管理者在管理人才时，总是根据人才的潜能、特长和品德合理地使用他们。分配给人才使用的权力必须足够使其发挥作用，如果出现错误，结合其优势督促人才合理改进，人才自然会愉快地接受。如果分配给人才的职位根本不能发挥他们的才能，在这种情况下，人才连适应都来不及，哪里还能发挥什么才干呢？

三、用人因人而宜

我们用人需根据人才的条件进行安排，人才发挥作用进而建功立业也同样需要有客观条件，条件不具备时，人才即使有比尔·盖茨、戴尔、杨致远的能力，也会徒劳而无功，发挥不了作用。另一方面，人才各有不同，有的人善于按最高管理者意思做事，能做到这点时，他很容易满足；有的人志在管理好全局，全局管理好了，他就会高兴；有的人懂得管理社会事物，懂得什么事现在可以做，什么事将来可做，善于适可而止，长远安排。如果能辨别以上各种情况，那么我们才能真正称为伯乐。

事实上，我们要做一个现代伯乐并不难，只要你在人与事的主次上恰当把握，就会做到因事设人，而不是因人设事。这样就会使团队中每个人都能胜任自己的工作，每项工作都有合适的人来完成，进而提高团队工作的整体效益。

第六节　用人不疑太绝对，疑人也要用到位

对于这样一些原本并无联系的人来说，彼此的怀疑、猜测在所难免。但约束和监督，能使他们形成彼此的信任渠道。

自古以来，国人对"用人不疑，疑人不用"的管理原则就较为推崇，这似乎也是国内某些特定大型企业管理层的用人标准。因为不疑，所以放心，因为得到信任，所以可以出成绩，整个团队的事业都可以得到延续发展。但事实上，这种用人理念未免过于绝对。

历史上，关于"用人不疑，疑人不用"的典型故事有很多，三国尤甚，刘备尤甚。刘皇叔向来推崇"弘毅宽厚，知人善任"，似乎从不会怀疑自己的部下，于是刘、关、张、赵、诸葛在一起，共同谱写了

君臣知心的传奇。所以后世之人更是推举刘皇叔的家业为亲情凝聚的典范。

但客观地说，这只是封建社会中的佳话，用坊间流传的话来说，只不过是在合适的时间遇到了合适的人，因而做出了合适的事情，成就了合适的功绩而已。但如果将其运用到现代管理之中，则未必是绝对的好事。

换而言之，"用人不疑，疑人不用"这句话我们应该辩证地看，要考虑到当前的环境、当前的背景，从而摆正"疑"和"用"的关系。

首先，从正面的角度上看，"用人不疑，疑人不用"最重要的效用不是有效使用人才，而更多的是一种精神激励。也就是说你给员工足够的信任度，他们就会"受宠若惊"，甚至会把你视为知己，于是肝脑涂地亦在所不惜。若单从这个角度上说，"用人不疑，疑人不用"的管理原则，是值得我们借鉴的。

但是，请注意，这只是从正面的角度上说。事实上，团队处于不同的发展期，用人的策略亦应有所不同。譬如说，在团队组建之初，有多少成员我们一目了然，对于大家的各方面情况我们也能做到心中有数。在这个时期，采用"用人不疑，疑人不用"的管理策略，是完全可以的。因为对于小团体而言，管理者依靠此策略确实可以收到"笼络人心"的效果。然而，倘若团队一步步地做强做大，在职员工成百上千，这个时候再遵循"用人不疑，疑人不用"的策略，就不符合客观规律了。因为我们这些做管理者的，面对如此庞大的人群，不可能对每一个人的情况做到了如指掌。打个简单的比方，如果我们自己驾车，拉着几位朋友出游，那当然不需要安检，因为我们了解，这些朋友不可能做出什么违法乱纪的事情。但是在汽车站、火车站，工作人员就必须通过安检来保障所有乘客的安全。换而言之，由于本性、教育、价值观上的差异，人的道德水准良莠不齐，倘若我们视"用人不疑，疑人不用"为箴言，在自己的团队中一味贯彻，那就是管理上的一个误区。

这也就是说，我们这些做管理者的，切不可忽略了人性的无常。毕竟，人无时无刻不处于变化之中，此时他清醒，彼时就可能糊涂；此时他是君子，彼时亦可能是小人。从这个角度上讲，如果我们"用人不疑"，团队就极有可能被搞得一塌糊涂；如果我们"疑人不用"，那团队中除了我们自己，几乎就没有可用之人了。因此可以说，我们若能做到"物尽其才，人尽其用"就已经比较理想了，若非要"用人不疑，疑人不用"就太不现实了。

所以，我们符合客观现实的做法应该是：用人一定要疑，疑人也要充分用。

举例说明一下：

某老总请客，入席的有老总熟识的两位朋友以及一位跟随老板多年的部门经理。中途，老总接了一个重要电话，因事提前离席，临走时交待部门经理埋单。结账时，服务员告知共计消费 600 元，那位部门经理竟然当着老总朋友的面开了 800 元的发票。那两位朋友回到家后，其中一位总觉得不对，觉得应该给自己的朋友打个电话。于是，他拨通那位老总的电话，告诉他：

"我今天看到一问题，可能很严重，作为朋友，我觉得应该告诉你。不过，说实话，我也很为难，不知道当说不当说，是关于你的副手的问题。"

"没关系，你有话就直说，他是我多年的手下了，无论有什么问题，我想我应该能处理好的。"这位老总很自信。

　　"那好，我就说了。其实我们今晚吃饭只花了600元，可你的副手却开了800元的发票。我觉得这样的人不能再用了！"

　　"哦，就这事啊，这没什么的。他为什么不多开一千、两千的？因为他不敢。这200元，就当是奖励他了。我告诉你，这个人不但会开票，还很会做事。我只怕那种光会开票却不会做事的人，而且，那种连票都不会开的人，在我这里也根本没大用。老朋友，这就叫'用人要疑，疑人也用'。"

　　事实上，上例中那位部门经理应该知道老总对他有疑，当然也知道老总会用他，因而，他能够把自己的行为控制在老总可以接受的范畴之内。老总也知道员工们喜欢利用职务之便占些小便宜，想要完全杜绝不现实，如果因为有这些怀疑而放弃能干之人，那么对于公司而言无疑是更大的损失。所以，他"疑人也照用"。

　　这位老总的用人策略很值得我们借鉴。事实上，如果我们对团队中的每一个人都不疑有二，就会让心术不正之人有机可乘，就会令团队的局面失去控制，尤其是我们正在试用一个还不是很了解的人时，"用人要疑"这一点就显得非常重要。

　　用人要疑，不是说就要对他们"怀疑"和"不信任"，而是应该在一定的范畴内对他们进行"约束"和"监督"。"疑人照用"，也不是说一定要提拔和犒赏，而应该是人尽其才，将人才安排到适合他的位置。正确地理解这句话并将其运用到我们的管理工作之中，才是对团队真正的负责，对人才真正的负责。

第七节　刺头未必就要拔，有刺更有娇艳花

只有每一个兵将都发挥出最大效用，军队才能所向披靡，即便是一些难以约束的兵将，也有其可取之处。

在很多现代企业中，都有所谓的"刺儿头"。这些人狂妄自负，根本不把任何人放在眼里，但企业的很多事情偏偏离开他们还不行，这些"刺儿头"可谓是另类的能人。怎样处理与这些人之间的关系，如何应对由这样的人引发的组织冲突，对于我们这些管理者来说，实在是一个相当有难度的挑战。

这些"厉害"的员工，确实令我们十分地头痛，该怎样处理？如果将这些他们全部炒鱿鱼，以保持组织的纯洁度，而到最后可能形成一个非常听话却平庸无比的团队——根本无从创造更高的管理绩效。所以，我们要像毛泽东所说的那样："团结一切可以团结的力量！"把这些"厉害"的人物都团结起来，充分利用这些有强大能力或特殊资源的人，为我们团队的共同目标去努力。作为管理者，我们赋予这些另类的能人以重任，不但可以有效减少组织冲突，甚至还可以让这些拥有各种资源和能力的人积极效力。

有这样一个故事：

林肯任美国总统时，有一天，参议员蔡思来他的办公室跟他谈事

情，正巧一位名叫巴恩的银行家前来拜访他。巴恩看见蔡思从林肯的办公室走出来，对林肯说："总统先生，如果您要组阁，千万不要使用此人，因为他是个极其自大的家伙，他甚至对人吹嘘他比您要伟大得多。"林肯笑了，说道："哦，是吗？除了他，您还知道有谁认为他自己比我伟大得多的？"巴恩答道："据我所知，没有。您为什么这样问呢？"林肯说："因为我想把他们全部选入我的内阁。"

事实上，巴恩说得没错，蔡思确实是个骄狂自大而且嫉妒心重的人。他狂热地追求权力，曾参与总统竞选，不料落败于林肯。最后，只坐上了第三把交椅——财政部长。不过，他也的确是个大能人，精于财政预算与宏观调控。林肯一直十分器重他，并通过各种手段尽量减少与他的冲突。

后来，《纽约时报》的主编亨利·雷蒙顿拜访林肯，也特地好心提醒他，蔡思正在策划竞选，谋求总统职位。林肯以他一贯的幽默口吻对亨利说："听说你也是在农村长大的，我想你一定知道马蝇。有一次，我和我弟弟在农场里耕地。我赶马，他扶犁。被我们使唤的那匹马很懒，磨磨蹭蹭不愿干活。但是，某个时刻它却突然干活很卖力，跑得飞快。我想找到原因，便仔细观察它全身，这才发现，原来一只很大的马蝇叮在它的屁股上。我伸手正准备把马蝇打掉，我弟弟问我为什么要打掉它。我说不忍心看着马被它咬。弟弟说：'哎呀，你不懂，就是因为有那家伙叮着，马才跑得那么快呀。'"然后，林肯意味深长地对亨利说，"现在正好有一只名叫'总统欲'的'马蝇'叮着蔡思先生，只要它能使蔡思不停地跑，我还不想打落它。"林肯的胸襟和用人之道，使他成为美国历史上最伟大的总统之一。

事实上，在实际工作中，我们很应该学习林肯总统，把那些像蔡思先生一样"另类"又有强大能力或特殊资源的能人充分利用起来，为企业的发展奠定坚实的基础。

通常情况下，这些人之所以敢做"刺儿头"，不外乎以下原因，我们完全可以对症下药，让他们为我们所用：

一、有强大的人际关系脉络。"刺儿头"的人际关系或许是老板，也可能是你工作中的某个具有重要意义的"合作伙伴"。从积极方面看，人际关系这种资源若能为我们所用，在某些关键的时候能起到不可替代的作用。用常规的方法无法处理的这类难题，到了这类员工手里，有可能只是一句话的事。

但这类员工特殊的背景，在带来好处的同时，也为我们平添了许多麻烦。"刺儿头"们有的并无真才实学，却在工作中常常有意无意地向同事或上司炫耀自己的人际关系，以显示自己的面子和在工作中得到的便利。比如，即便犯了错，仗着有"背景"他们也可以免受处罚。对于这类人，我们需要把握好一个尺度。

二、高学历、高能力、技艺独到、经验丰富。正因为他们具有一些其他员工无法比拟的优势，所以能够在工作中表现不俗，其优越感更进一步地突显。这种优越感发展到一定的程度时，直接体现为高傲、自负，以及野心勃勃。他们不屑于和同事们交流和沟通，独立意识很强，协作精神不足，好大喜功，小事不爱做，不把我们这些领导放在眼里，甚至故意无条件地使唤别人以显示自己的特殊性。从工作能力上看，他们中的大部分都是"精英"，是团队的骨干力量，但从管理角度来看，这些人很多时候扮演了一个"组织破坏者"的角色，可能会因此造成其他同事的反感，也可能因为与其他同事越走越远而成为团队冲突的源头。

对付这类"刺头"，我们一定要沉得住气，不要和他们斤斤计较。但该批评时要敢于批评，适当挫一下他们的锐气；该表扬时要表扬，激发他们更进一步的热情。在这一柔一严之间，让他们心甘情愿地接受领导，为你所用。

三、性格"另类"、开朗、有个性。得益于自身的性格，这类人一般都具有不错的人缘。而且，那"上蹿下跳"的天赋令他们很善于集结关系。我们可以将其从"死板"的工作方式中解放出来，令他们充当"急先锋"。如，给他们一些策划企业集体活动的工作，让他们充分发展个人能力，为企业创造良好的氛围，这样便可发挥出他们的最大效用。

值得一提的是，所谓另类，即意味着他们往往不会拘泥于形式，这或许正是我们所头疼的——纪律规范、条条框框对他们而言，似乎并无约束力。那么，如此一来，我们辛苦建立起来的工作秩序会不会被他们搅乱呢？其实，这也是有必要考虑的，不过最终还是要看我们这些管理者怎样依据特点、凭借谋略驾驭这类人，处理团队关系了。

第六讲　奖惩篇

精华论点：

任正非：我们要全面推进干部考核与员工计量工作制，按能力、业绩及贡献，合理地安排员工的报酬。考核是完善价值分配的基础。在成绩面前人人平等。尽管我们的考核制度还不够完善、准确，但公司是坚决要推行的，全体员工都要善意地关心它，提出建设性的改进意见，拒绝考评的干部，我们将拒绝提升。

开篇语：

在企业管理中，对于功过是非的奖惩是管理者最关键的职能活动之一。奖惩，就是奖励和惩戒两方面意义的统称。奖励是赞许和鼓励，是运用激励手段来调动下属的积极性，最大限度挖掘其潜在能力的一种管理方法；惩戒，是惩治过错，警戒将来，通过惩戒违纪人员来规范人的行为，制止和预防不当行为的发生。

第一节　要想团队素质硬，掂量赏罚这杆秤

凡事都有一个度，赏罚也是如此。掌握不好度，就有可能出现过犹不及或火候不到的结果。

赏与罚的根本目的其实在于调动员工的积极性，鼓舞士气，由此提高团队战斗力并壮大自己的实力。而若想将赏罚的激励作用发挥到极致，关键就在于"严明"，所以赏罚必须做到公开、公正、适度、合理。若是滥用赏罚，反而会适得其反。遗憾的是，在管理实践中，一些朋友并不懂得赏罚之道。在赏罚过程中，失去分寸和节制，结果走向极端，过犹不及，反而导致激励无效。

那么，这究竟会造成怎样一种局面呢？惩罚不适度，就会影响激励员工的效果；奖励不适度，就会影响员工工作的激情，并且还会增加激励成本。奖励过重会使员工产生骄傲和自满的情绪，失去进一步提高的欲望；奖励过轻起不到激励效果，或者让员工产生不被重视的感觉。打个比方，比如，有时员工的期望值是月收入2000元，你给了3000元，等到员工的期望值没有升高的时候，你又涨到了4000元，万一出现特殊情况，你再把收入降到3000元的时候，矛盾就会出现，那样你的激励就失去了意义。

所以我们说，奖励和惩罚始终要与激励联系在一起。奖功罚罪，

自古以来，概莫能外。但如何掌握适度原则，就涉及管理者的艺术问题了。在这方面，我们或许倒可以从古代的贤君名将身上得到启发。

曹操历来就坚持有功就赏，有罪就罚，无功不赏，无罪不罚，大罪大罚，小罪小罚，大功大赏，小功小赏，一视同仁，不分贵贱。部下只要有功，必给相应奖赏，而且针对不同的人、不同情况给予不同的奖励。

当年曹操征张绣，一时兵败逃命之时，夏侯惇所率曹操谪系部队青州兵"乘势下乡，劫掠民家"。另一部将于禁在这慌乱时刻果断命令本部军队沿途剿杀青州兵，禁止他们作乱以安抚乡民。青州兵倒打一耙，跑到曹操面前哭诉委屈，诬告于禁造反。曹操听后大怒，带领部队准备镇压。于禁见曹操气势汹汹而来，仍旧不慌不忙，他没有分辩，而是稳住阵脚，安营立寨。因为他清楚地知道"分辩事小，退敌事大"，因为张绣的兵马正在后面紧追。果然，刚刚安扎完毕，张绣两路大军杀到，于禁一马当先率军出寨迎敌，杀退张绣人马，并且追杀一百多里，反败为胜。事后，于禁才向曹操禀明情况。曹操颇为赞赏，对于禁又是奖赏，又是封侯。

曹操奔命之时，乍闻猛将反叛。自然心有惊虑，但他并未轻信流言，直击于禁，事后又能问明情况，赏罚分明，值得人们引以为鉴。

曹操可谓对激励的适度原则运用自如，实为历史上罕见。所以，曹操网罗了许多人才，他们甘愿为其卖命、为其效忠，终于成就了他三国分其一的伟业。

而对于我们这些现代管理者来说，一般而言，赏罚有度的激励原则主要应该注意以下5点：

一、赏罚要出于公平。赏罚必须公平，该赏则赏，该罚则罚，不能照顾亲疏。"所憎者，有功必赏；所爱者，有罪必罚"，才能使大家心服口服。如果"对其所喜者，钻皮出羽以掩其过；对其所恶者，洗垢求瘢以彰其疵"，那么，赏罚就失去了"强化"作用，有时会收到相反的效果，闹得众叛亲离。

二、赏罚要注意讲清道理。戚继光从自己的治军实践中认识到：赏罚要合乎情理。他认为，"理兴于心，情迫于理"，"赏罚"人人知其所以赏罚之故，则感心发而顽心消，畏心生而怨心止。赏与罚，先把道理讲清楚，将善恶、功过分清楚，大家知道了受赏受罚的原因，赏则会使大家见其功而心悦诚服，罚则会使大家及本人真正受到教育而消失怨恨。

三、赏罚要注意有度。从管理学角度讲，动力原理的运用要重视"刺激量"，"刺激量"不足，"刺激量"过大，都不能有效地运用动力原理。赏罚只有适度，恰到好处，才能达到激励与惩戒的目的。赏不能过高和过滥，奖赏过高，群众就会不满意；奖赏过滥，无功受禄，无劳受赏，在奖励上搞平均主义，会赏而无恩，起不到教育作用。赏无论是过高或过滥，都不能调动人的积极性。处罚不当，处罚过轻，不能教育本人和他人；处罚过重，不给犯错误者以改过的机会，会将人"一棍子打死"，不符合"惩前毖后、治病救人"的原则。不管是轻过重处还是重过轻处都是不合适的。

四、赏罚要严守信用。古代兵书《尉缭子》中说："赏如日月，信如四时"，"赏者贵信，罚者贵必"。管理者实施赏罚，必须严格执行规章制度，言出法随，说到做到，不能随心所欲，说了不算。如果高兴即赏，不高兴即罚，会搞得部下无所适从，人心混乱，长此以往，管理者所说的话就失去了信度和效度。

五、赏罚要注意时效性。赏罚只有在恰当的时间实施，才会收到教育的效果。古人强调"赏不逾时"、"罚不迁列"，奖赏及时，是为了让群众尽快见到为善的好处；当场处罚，是为了让群众迅速看到不为善的害处。一般情况下，赏罚要注意及时性，时过境迁，赏罚的作用就不明显了。

通过上述 5 点不难看出，及时和适度是互相联系、相辅相成的。适度原则的核心是赏罚和功过相一致。奖大于功或小于功，罚大于过或小于过都是不可取的，只有适度下的及时和及时下的适度，才能最大限度地发挥激励的作用。这当然不是我们作为管理者希望看到的。

第二节　赏罚要公正严明，工作别掺杂私情

奖惩的目的在于既要促使员工达到并保持应有的工作态度和工作效率，又要保障公司和员工的共同利益和长远利益。

前文我们已经有所提及，"公开、公正、适度、合理"是赏罚策略的中心所在。而要做到这四点，我们就必须摒弃私心，要"赏罚不避亲仇"，方能彰显赏罚的公正性。这也就是说，我们只有一碗水端平，对所有人一视同仁，即便对待自己亲戚也跟其他人一样采用同样的奖惩标准，才能为自己树立威严，彰显自己的公正性，令下属由衷地折服；这也就是说，我们要做到对事不对人，把个人感情暂且抛开，

才能发挥赏罚的本来功能。所以，无论某个下属跟你的关系有多好，或者是水火难容，在他犯下错误或做出成绩时，我们都要一视同仁，该罚则罚，该奖则奖。

有一位朋友在这方面做得就很令人称道。他是一家农机商用公司的老板，是一个认真坚持原则的人，如果有人违反公司的制度，不管是谁，他都毫不犹豫地按章处罚。当然对于表现好的，他奖励起来也不犹豫。

公司里有位老员工，跟着他干了10年。有一天，这位老员工违反了工作制度，工作期间酗酒闹事，还迟到早退，工头指出时他还跟工头大吵一场。他这么做严重违反了公司所定的规章制度。当工头把这位老员工闹事的报告递交上来后，他迟疑了片刻，仍旧提笔批写了"立即开除"4个字。

这位老员工与他本是患难之交，他们是在一起一路打拼过来的。念及旧情，这位朋友打算下班后到老员工家里去了解一下情况。不料，这位老员工接到被公司开除的决定后，当即火冒三丈，立刻冲到经理办公室，气呼呼地说："当年公司债务累累时，我与你患难与共，3个月不拿工资也毫无怨言，而今犯这点错误就把我开除，真是一点情分也不讲！"

听完老员工的叙说，他平静地说："你是老员工了，应该比谁都清楚公司的制度，应该带头遵守。再说，这不是你我两个人的私事，我只能按规矩办事，不能有一点例外。"

接着，他仔细地询问了老员工闹事的详细原因。这才解到，老员工的妻子最近去世了，留下两个年幼的孩子。大一点的孩子刚跌断了一条腿，正在医院住院；小点的孩子因吃不到妈妈的奶水而饿得直哭。

极度的痛苦中的老员工是在借酒浇愁，结果误了上班时间，还与工头发生了冲突。

了解到事情的真相，他惊叹不已："是我们不了解你的情况，对你关心不够啊！"接着他安慰老员工，"现在你什么都不用想，快点回家去，料理你夫人的后事并照顾好孩子。你不是把我当成你的朋友吗？那么，你放心，我不会让你走上绝路的。"说着，从包里掏出一沓钞票塞到老员工手里。

老员工被老板的慷慨解囊感动得流下了热泪，他哽咽着说："我想不到你会这样好。"这位朋友又嘱咐老员工："回去安心照顾家吧，不必担心自己的工作。"

听了老板的话，老员工转悲为喜说："你是想撤销开除我的命令吗？"

"你希望我这样做吗？"他亲切地问。

"不！我不希望你为我破坏公司的规矩。"

"对，这才是我的好朋友，你放心地回去吧，我会适当安排的。"

事实上，这位朋友在继续执行将他的开除命令以维持公司纪律的同时，又将这位员工安排到自己的另一家公司当了经理。他这样做，不仅解决了这个员工的忧难，使他的生活有了保障，也因此赢得了公司其他员工的心。这是很值得我们学习和借鉴的。

其实，从理论和实践的意义上来说，从两者比较的意义上来说，奖励的效果要比惩罚的效果好。所以，我们善于发现和强化对象的长处和优点，善于把对象身上的消极因素转变为积极因素，这是我们科学掌握激励理论和方法的表现。大体上说，我们在运用赏罚策略时，应注意以下几点：

一、有奖有惩，不能光惩不奖。企业为了规范人们的行为和调动大家的积极性，必须同时制定奖励和惩罚条例，并保证严格实行，不得轻视或取消任何一方。员工违反制度、犯了错误，应该处罚。但当他们做出成绩、表现优良时，应该奖励。有奖有罚，多奖少罚，这才是人性化的奖惩激励制度。为了保证激励对大家都有作用，我们在赏罚时，要将赏罚的标准和受赏罚对象的情况向集体成员实事求是地介绍，并施以大家能接受的赏罚形式，帮助大家正确认识赏罚的目的和作用。只有这样才能起到奖励一人带动全体、处分一人教育一片的目的。

二、以赏为主，以罚为辅。在奖惩的实践中，要有主有辅，有重有轻，不可同等对待，平分秋色。一般来说，员工都希望得到来自上面的认可与鼓励，所以我们应对下属多给予奖励，惩罚的次数宜少；奖励的气氛宜浓，惩罚的气氛宜淡；奖励的场合宜大，惩罚的场合宜小；奖励宜公开进行，惩罚宜个别进行；可奖可不奖者，奖，可罚可不罚者，不罚；在制定奖励和惩罚条例时，要考虑到人们的期望值和承受力。在对员工行为进行考察时，我们要着眼于发掘员工的长处和优点，多看他们对企业做出的努力和贡献，而尽量淡化和忽略他们的短处和缺点。日本的许多经理都指出："工人的缺点知道得越少越好。我们要知道的是他们能做些什么和他们的优点。"正是在这种激励的氛围之中，日本人把公司视为自己的生命，把自己和公司联为一体，几乎没有人想和公司分离。日本人的这些思想和行为对我们来说是有很大启示的。

三、不要将下属相互做比较。在中国的企业或组织里面，管理者常常喜欢做这样一件事：公开表扬某某人干得好，同时指出另外一些人做得不足，把他们的行为跟受表扬者进行比较，希望向先进者学习。在批评某一人时，也举另一人的事例做对比，希望大家从中受到教育。管理者们希望通过这种手段，来达到激励所有员工的目的。"赏一以劝百，罚一以惩众"，古人也说过这样的话。那么这种激励手段有没有效呢？得看情况。一般情况下，广大员工并不排斥被表扬者，他们会拿自己的行为或成果与受奖或受罚者的行为或成果相比较，但这种比较是他们自觉自愿地私下个别地进行的。如果我们在公开场合将其他人与受奖者与受罚者相比较，无异于将他的行为公开曝光，这实际上是一种变相的惩罚，势必引起当事人的不满，影响了激励效应的正常发挥。正确的做法是，我们在实施奖励或惩罚时，充分地说明受奖或受罚者的情况，使大家从中受到教育和鼓舞。如有的特别需要提醒，可用含糊的、婉转的、善意的暗示予以表明，不必指出具体的人名来。

四、对未受表扬者特别是受批评者需要宽容、谅解和关心，这是十分必要的。但是，过了度就会适得其反。

前苏联教育学家苏霍姆林斯基曾举这样一个例子："我曾在地理课上看到过一次这样'帮助'的最强烈的反应。七年级的学生须按照暗射地图回答问题。可是有一个女生因前一时期病了好久，教师允许她照普通地图回答提问。女生打开地图挂起来，开始前言不对后语地回答，随后就大哭起来。教师降低要求使她大受委屈。她对地理老师不再信任，那位老师做出了很大努力才恢复了正常的关系。"

教师的一片好心，为什么没能够收到好的效果呢？问题就在于教师忽略了学生的自尊心和自豪感，使其人格受到侮辱。所以我们不论是做奖励还是做惩罚，都不要使接受对象感到自己的人格受到伤害。特别是当我们对他们表示宽容和谅解时，要使他们感受到自己是在得到真正的关心和爱护，而不是接受超越正常人的怜悯和恩赐。

另外，赏罚的方法多种多样，我们的言行举止既是员工获取信息的来源，其实也是赏罚的方式。除了金钱以外，晋升、带薪休假、委以重任、提供培训发展机会、表扬、解雇、降职、批评等都是不可或缺的方法，对于不同的员工和不同的情况我们应该采取不同的方式。例如，一个刚从大学毕业的学生来到一个新的岗位上，对他而言，在工作中学到东西可能是最重要的。所以对他最好的激励就是委以重任和提供培训发展机会；而对于一个工作近20年的老员工而言，他可能更多地考虑他将来的生活保障，所以福利、保险计划等金钱激励恐怕是更合适于他的方式。换而言之，单一的赏罚方式往往只能使少数人受到激励或惩戒，而多种赏罚方式综合地、有针对性地运用则能使员工的正确行为获得最大限度的强化。

第三节　谁希望士气激长，谁就得有功就赏

当每个员工都想成为业务骨干的时候，你就能管好手下这帮人了。

员工做出一些成绩，他们自己会以此为荣，当然也希望我们这些做管理者的能引以为荣。这时，我们应及时给予他们喝彩，调动他们的积极性，让他们更加努力地干好每件工作。否则，他们的努力得不到我们的褒奖与肯定，就会对你有看法，想当然也不会再为你努力工

作了。

　　美国有一家有限公司，他们发展迅速、生意兴隆，这个公司有一份深受员工们欢迎的内刊——《喝彩·喝彩》。《喝彩·喝彩》每月都要通过提名和刊登照片对工作出色的员工进行表扬。这个公司每年的庆功会更是新颖别致：受表彰的员工于每年 8 月来到科罗拉多州的维尔，在热烈的气氛中，100 名受表彰的业务精英坐着架空滑车来到山顶，颁奖仪式在山顶举行，庆功会简直就是一次狂欢庆典。然后，在整个公司播放摄影师从头到尾摄下的庆功会全过程。国内一家纺织厂激励员工的方式也很独特。这家工厂原来准备给女工买些价钱较贵的椅子放在工作台旁休息用。后来，老板想出了一个新花样：规定如果有人超过了每小时的生产定额，则在一个月里她将赢得椅子。奖励椅子的方式也很别致：工厂老板将椅子拿到办公室，请赢得椅子的女工进来坐在椅子上，然后，在大家的掌声中，老板将她推回车间。

　　事实上，国内外很多有实力的大企业，都是以多种形式的表扬和丰富多彩的庆祝活动，来激励员工积极性和创造精神。我们上面谈到的两家公司，注重的就是荣誉激励。荣誉激励，顾名思义，就是根据人们希望得到社会或集体尊重的心理需要，对于那些为社会、为集体、为公司做出突出贡献的人，给予一定的荣誉，并将这种荣誉以特定的形式固定下来。这样做，既可以使荣誉获得者经常以这种荣誉鞭策自己，又可以为其他人树立学习的榜样和奋斗的目标。因而荣誉激励具有巨大的社会感召力和影响力，能使公司具有凝聚力、向心力。

　　事实上，但凡聪明的管理者无不善于激发下属的工作热情和斗志，令他们为实现特定的目标而做出自己的贡献。

　　其实细想想，我们真的是不应该太吝啬的，毕竟我们的事业蒸蒸日上，靠的是下属们工作的勤恳卖力。他们为我们的事业做出了很大贡献，那么作为管理者，我们给人家一些额外的回报也是理所当然的。所以，我们千万不要吝惜自己的腰包，要不失时机地给他们以奖励，大奖明奖，小奖暗奖，让他们感觉到，自己的努力没有白费，多付出一滴汗水就会多一分收获。

其实在国内的企业大多实行的是明奖，大家评奖，当众评奖。

明奖的好处在于可树立榜样，激发大多数人的上进心。但它也有缺点，由于大家评奖，面子上过不去，于是最后轮流得奖，奖金也成了"大锅饭"了。同时，由于当众发奖容易产生嫉妒，为了平息嫉妒，得奖者就要按惯例请客，有时不但没有多得，反而倒贴，最后使奖金失去了吸引力。

国外公司则大多实行暗奖，管理者认为谁工作积极，就在工资袋里加钱或另给"红包"，然后发一张纸说明奖励的理由。暗奖对其他人不会产生刺激，但可以对受奖人产生刺激。没有受奖的人也不会嫉妒，因为谁也不知道谁得了奖励，得了多少。

总的来说，明奖与暗奖各有优劣，所以不宜偏执一方，应两者兼用，各取所长。比较好的方法是大奖用明奖，小奖用暗奖。例如年终奖金、发明建议奖等用明奖方式。因为这不易轮流得奖，而且发明建议有据可查，无法吃"大锅饭"。月奖、季奖等宜用暗奖，可以真真实实地发挥刺激作用。

第四节 奖赏大可以靠嘴，别吝啬你的赞美

鼓励和赞美之所以能对人的行为产生深刻影响，是因为它满足了人的自尊心的需要。

精明的领导应善于用赞美去激励下属，使下属为我们所用。无论从哪方面讲，赞美都可以称得上是花费最小、收益最大的管理技术，所以，如果可以的话，多多赞美你的下属，你会发现自己会因此而受到更多爱戴。

有这样一个故事，很有趣，我们来看一下：

有一个厨师擅长做烤鸭，然而他的经理却吝于给他一句赞美，这让厨师感到很难过。有一天，一个客人发现烤鸭只有一条腿，就向经理投诉。经理很生气地让厨师解释是怎么回事，厨师笑着说："咱们养的鸭子本来就是一条腿啊！"经理自然不信。两人 起来到后院，只见鸭子都趴在地上休息，只有一条腿露在外面。经理一拍巴掌，鸭子吓得连忙跑了！经理生气地说："它们不都有两条腿吗？"厨师很镇静："经理，那是因为你鼓掌，它们才露出另一条腿的！"这时经理才明白厨师的意思。

故事告诉我们，每个人都需要赞美、需要精神鼓励，一个人在完成工作后总希望尽快了解自己工作的结果、质量、社会反馈，如果受

到的是积极肯定，那他工作起来就会更有信心。

　　同时，下属们也需要通过尽快了解反馈信息，对自己的行为进行调节。巩固、发扬好的方面，克服、避免不好的方面。如果反馈不及时，事过境迁，这时的赞美就没有太大的作用了。

　　一般来说，高层次的需求我们是难以满足的，而赞美之辞，部分地给予了满足。这是一种有效的内在性激励，可以令人激发和保持行动的主动性和积极性。当然，作为鼓励手段，它应该与物质奖励结合起来。行为科学的研究指出，物质鼓励的作用，将随着使用的时间而递减，特别是在收入水平提高的情况下，更是如此。

　　有一个金香蕉的故事颇能给人以启示。在福克斯波罗公司的早期，急需一项性命攸关的技术改造。有一天深夜，一位科学家拿了一台确实能解决问题的原型机，闯进了总裁的办公室。总裁看到这个主意非常巧妙，简直难以置信，便思考该怎样给予奖励。他把办公桌的大多数抽屉都翻遍了，总算找到了一样东西，于是躬身对那位科学家说："这个给你！"他手上拿的竟是一只香蕉，却是他当时能拿得出的唯一奖励了。

　　自此以后，香蕉演化成小小的"金香蕉"——别开生面的别针，以此作为该公司对科学成就的最高奖赏，由此看出美国福克斯波罗公司对及时赞美的重视。

　　其实，我们这些管理者在面对下属时，不仅是重大的科技成果要及时予以奖励，就是对下属的点滴微小成绩，也应引起重视，及时加以鼓励。美国惠普公司的市场经理，一次为了及时表示酬谢，竟把几磅袋装果子送给一位推销员，以鼓励他的成绩。另外一家公司的一位"一分钟经理"，提倡"一分钟表扬"。即"下属做对了，上司马上会表扬，而且很明确地指出做对了什么，这使人们感到经理为你取得的成绩而高兴，与你站在一条战线上分享成功的喜悦。一共花一分钟时间"。这位经理的经验是，帮助别人产生好情绪是做好工作的关键。正是在这种动机的指导下，他实行了"一分钟表扬"。这样做有三重意义：一就是表扬要及时；二是表扬准确无误，不是含含糊糊；三是与部下同享成功的喜悦。

在这里需要提醒大家一下，有些朋友喜欢不动声色地观察下属的成绩，加以"储存"，然后在适当时候才找出来"提一提"或奖励一下，事实上这样做并不好，这样做的效果已经减弱大半。正确的方法是，我们应该接受"金香蕉"的启示，像"一分钟经理"那样，及时赞美。

第五节　请顾及员工情绪，委婉地提出批评

批评，可能会成就有一个人，也可能会毁掉一个人。

毫无疑问，我们这些做管理者的，必须对罚持慎重态度，慎重的一个侧面就是含蓄、委婉。对于现代管理者而言，在一些特定条件下，批评他人，指出别人工作中的错误和疏漏不能过于直接，因为那样容易造成对抗情绪，从而导致他错上加错。而委婉的批评、善意的指导则容易让人接受。

其实这其中是很有学问的，就拿赞美而言，赞美我们大家知道，初衷都是好的，但偏偏有许多朋友在赞美之后，喜欢拐弯抹角地加上"但是"两个字，这效果就大不一样了。举例来说，有人想改变孩子漫不经心的学习态度，很可能会这样说："小明，你这次成绩进步了，我们很高兴。但是，你如果能多加强一下代数，那就更好了。"

原本受到鼓舞的小明，在听到"但是"两个字之后，很可能会怀疑到原来的赞美之辞。对他来说，赞美通常是引向批评的前奏。如此，不但赞美的真实性大打折扣，对小明的学习态度也不会有什么助益。

如果我们改变一两个字，情形将会大为改观。我们可以这么说："小明，你这次成绩进步了，我们很高兴。如果你在数学方面继续努力下去的话，下次一定会跟其他科目一样好。"

这样，小明一定会接受这番赞美了，因为后面没有附加转折。由于我们也间接提醒了应该改进的注意事项，他便懂得该如何改进，以达到我们的期望。

批评也是这个理，委婉批评总比直接批评要好，间接指出别人的错误，比直接说出口来要温和，且不会引起下属的强烈反感。在这方面，贾可布的经验就很值得我们借鉴，

贾太太请了几位建筑工人来修缮、加盖她的房屋。刚开始的几天，每次她来到房子里的时候，总看到院子里到处是木屑，一片狼藉。她心中有些不满。但那些建筑工人都是技术很优秀的人，贾太太不会直接表达自己的不满，怕引起他们反感，她想到一个委婉的办法。

等工人们下班离去之后，她和孩子把所有垃圾清理干净，让院子里恢复得井井有条。第二天早上，她把工头叫到一旁，悄悄对他说："我很满意昨天你们把前院清理得那么干净，没有惹得邻居们说闲

话。"从此以后，工人们每天完工之后，都把木屑堆到园子角落里，领班也每天检查前院有没有维持整洁。

这就是委婉批评的妙处，其实我们大家都知道，管教孩子的方法可分"限制"和"要求"两种。孩子在餐厅吵闹时，我们大声吼住是限制管教。这方法虽能制止孩子的行为，却会让孩子感到无所适从。相反，斥责后再指示该怎么做，便属于后者——要求管教。

美国的心理学家以 8 岁的孩子为对象，调查孩子的上进心与幼儿期的管教方式的关系。结果显示，有上进心的一组孩子，均是接受要求管教而成长的，而缺乏上进心的孩子，自小到大完全是接受限制管教。

为什么接受限制管教而长大的孩子干劲低落？因为行为受限制，自然会产生不满，使向上精神降低。行动被禁止或抑制，这表示欲求遭受阻碍，会使人失去意愿，也会缺乏去改变行动的积极精神。限制管教法用久了，孩子便会丧失上进心。

只要能汲取这点教训，对提高批评效果会有所助益。因为我们之中大多数人都误以为，批评就是管理。也以为不常常批评部下反而会被部下轻视，所以，为表示自己的地位高于部下，便以批评作为管理的重要手段。但像这样以批评来惩罚部下，到最后不免会削弱部下的干劲。因为人的大脑部分刺激，将会波及四周，而想起过去发生的许多事，且会无限扩大，使人感到犹如被绳子勒紧脖子一般。如此将会使部下的欲求不满，上进心也随之减弱。基于这点，我们在批评下属之际，首先要确定批评内容。在脑海中先演示批评的经过情形，才能增加批评效果。

所以，作为管理者，当下属犯错而必须批评之时，我们应该注意：

1. 批评要对事不对人。

2. 万不可伤害下属的自尊。

3. 将怒火控制在合理的范畴之内。

以下则是一些间接批评的方法，提供给大家以做借鉴之用：

1. 旁敲侧击，给其暗示。

2. 逐步深人，循序渐进。

3. 用语婉转，予以启发。

4. 褒贬结合，欲抑先扬。

下属的错误是管理者需要经常面对的问题，而批评则是一种负强化激励手段，是对下属的错误行为给予否定，使之逐渐减弱、消退、以改正错误。管理在批评下属时应因人、因事而异，有时需要坦白指出来，有时则需要迂回一下，委婉一点。两者的区别和火候需要我们这些管理者用心揣摩才行。

第六节　允许下属犯点错，使功不如使其过

使用有功绩之人，不如起用有过失者，使其效命自勉，将功补过。

毋庸置疑，在这个世界上，根本就没有不会犯错误的人。更可以肯定的是，任何一个人在自己犯错以后，都希望能够得到别人的原谅，下属也是一样。因为原谅意味着别人对于自己的信任，而有了信任，

一个人才能把他能够做的事情继续下去或是做得更好。

一些聪明的领导者深谙此道，他们在用人方面不仅善于用人之长，还能巧妙地让下属成为戴上紧箍咒的孙猴子，即使本领再大，也要乖乖听从唐僧的调遣。我们姑且将这种策略称为允许下属犯点错，此策略的妙处在于，它可以轻易使对方产生一种感激畏惧的心理，然后在自责、感激等心理的作用下，自发自觉地以十倍、百倍的努力去发挥自己的才智，以求将功补过。这就是传统的"使功不如使过"的真实效应。

三国时期的著名军事家、政治家、领导者诸葛亮在这方面的运用，堪称是高人一筹。

诸葛亮辅佐刘备占荆州，据蜀地，东和孙权，北拒曹操，当时天下形成三足鼎立之势。火烧赤壁后，诸葛亮料定曹操必经华容道出逃。届时生擒，如囊中取物。但捉后如何处置，倒成了一大问题。对于派谁去对付曹操，诸葛亮也颇费了一番思量。

他认为，张飞性情直率、急躁，捉住曹操后是不会放走的。赵云忠贞不贰，捉住曹操是不敢放走的。而关羽，他不但义气如山，还曾受曹操厚恩，而且是主公二弟，捉曹后定会释放。何况关羽还有一大缺陷：凭借百战百胜的威名有时傲气太重，若抓住他"捉放曹"的"小辫子"，也可届时给他点限制。主意已定，诸葛亮便将张飞、赵云、刘丰和刘琦一一派出，唯对身边的关羽置之不理。关羽忍耐不住，就高声斥问："我历次征战，从不落后，这次大战，却不用我，竟是何意？"诸葛亮故意激他："关将军莫怪！我本想派您把守一个最重要的关口，但又一想，并不合适。"关羽很不高兴地问："有什么不合适的呢？请明讲！"诸葛亮说："想当初您身居曹营，曹操对您多方关照。这次他惨败后必从华容道逃窜，若您前去把守，必会捉而放之！"关羽抱怨他未免多心，还说自己斩颜良、诛文丑，又解白马之围，早已报答了曹操。若再遇他，决不放行。诸葛亮仍以言相激，终于激得关羽立下了军令状，才领兵去华容道埋伏起来。

果然不出诸葛亮预料，曹操一行人困马乏、狼狈不堪地来到了华容道。突然，关羽横刀立马挡住了去路。曹操吓得浑身瘫软，不住地乞求关羽饶命。其随从也一个个跪地乞怜。关羽终于念及当初，遂起恻隐之心，不顾事先立下的军令状，高抬贵手放走了曹操，灰溜溜返回大营。诸葛亮又照事先设想，特地迎接关羽，更使关羽无地自容。当关羽有气无力地禀报了原委，诸葛亮装作恼怒的样子要对他处以军法，刘备一再求情，才免了关羽死刑，令他戴罪立功。

诸葛亮精心设计的"捉放曹"，完全达到了预期的目的。后人每谈及此事，都赞扬说："诸葛亮智绝，关羽义绝。"关羽心高气傲，唯有抓其"小辫子"才可任你驱策。

因为当时诸葛亮刚出茅庐不久，在刘备军中还没有树立起足够的威信。刘备手下的那些大将，特别他的两个拜把兄弟关羽和张飞，对诸葛亮打心眼里不服。张飞直接冲撞他，关羽更是以为自己文韬武略，不把诸葛亮放在眼里。只是碍于大哥刘备的面子，他们没有直接给诸葛亮难堪，如果诸葛亮不能让关羽折服，就无法指挥张飞，也难以顺利让刘备军团令行禁止。所以，诸葛亮要真正树立统帅的威信，首先要镇住关羽，使张飞折服。通过制约刘备的这两位结义弟弟，进而压服全军。

诸葛亮利用指派关羽去镇守华容道，让他相信诸葛军师料事如神，后来发生的事情让关羽不服也不行。并且关羽也如诸葛亮预料放走了曹操，这就违反了军令，按律当斩。当然他"不求同日生，但愿同日死"的刘备大哥一定会出来求情，诸葛亮当然也要网开一面。这样一来，关羽不仅丢了面子，还欠了诸葛军师一次天大的人情。傲气的关羽以后自然不敢不服诸葛亮，这就为诸葛亮管理刘备军团扫除了一大障碍。

当我们不能用百分之百的震慑下属时，不妨学一学诸葛亮，运用一点小手段，大抵就可以让不听话的他们乖乖地服从我们的领导。不过，在运用这一策略时，我们要有所注意：

一、必须具有宽容的气度。下属犯错，却要给予他足够的尊重，这似乎有些强人所难，但这同时也体现了我们的雅量与风度。我们要想令下属心悦诚服，没有起码的宽容气度是万万不行的。

二、心术要正。允许下属犯点错的根本目的是使其认识到自己的错误，并在此基础上努力改正，为团队创造出更多的利益。倘若我们自己心术不正，出于某些阴暗想法有意陷害下属，抓其短加以威胁，以达到自己不可告人的目的，那么这个策略就变质了。

的确，有时使功，不如使过。无论是秦穆公用孟明，还是李渊对李靖的"使功不如使过，靖果然"，及至后来的康熙对徐乾学讲"使功不如使过"，这些人可以说都将"功过利害"分析得透透彻彻，运用得炉火纯青。何以"用过"反而不如"用功"？其实说直白些，无非是因为有过之人往往需要更加谨慎小心，而恃功者则往往会居功自傲，难以使唤。我们只要读懂下属的这种心理，就一定可以将工作开展得更加顺利。

第七节　解雇该用也得用，妥善处理不落病

不同的企业文化对于"解雇"的态度截然不同，但应该肯定的一点是，在市场竞争如此激烈的时代，每个人都应为自己的"饭碗"负责。

解雇是管理过程中的终极手段，若非万不得已的情况，我们不要轻易使用这个杀招。要知道，被解雇就代表着被绝对否定，毕竟一般人都不喜欢这种自尊上的打击。

但事实上，能将"解雇"运用自如者也大有人在，其中最闻名的莫过于世界传媒大亨默多克。鲁伯特·默多克在人员管理上是出了名的严苛，为了企业发展必须解雇某个人时，他一般都会不留情面：作出决定，该走的走人，就是这样。

这么做显得默多克是一个挺无情的人，而实际上却造就了公司的辉煌发展。看看知名跨国公司的那些首席执行官（CEO）们，有几个不是管理作风严厉的？身居要职，对下属采用强硬手段是必备的条件之一。

众所周知，默多克的传媒集团持续高速发展，这种局面确实让员工感到兴奋，但没有哪个员工会觉得为默多克工作是件容易的事情。默多克被竞争对手形容成一个"令人害怕的食人妖"，认为他只会简

单地运用恐惧来激发员工的工作热情。毫无疑问，默多克确实把恐惧当成激发员工积极性的方法之一。

《周日时报》前任编辑安德鲁·尼尔曾经写过一篇名为《鲁伯特式的恐惧》的文章，专门描述默多克是如何激发员工积极性的。他在文章中写道："鲁伯特王国的'大臣'们为了继续保有职位，必须擅长揣摩主子的心思，并顺着主子的兴趣行事。"但如果这些"大臣"为安德鲁·尼尔或其他任何总裁工作，同样也必须如此。这是根本无法避免的模式。

做默多克的员工非常有危机感。员工要么做出成绩，要么就被解雇。默多克说："对人的管理应和对公司资产的管理一样严格，否则对人和对事业都会造成不利影响。如果有人以任何理由不努力干活的话，就应辞退。"

但过去被默多克解雇的这些员工中，很少有人和他决裂的。有一篇文章写道："他不能容忍错误。默多克先生曾经开除 40 位以上的发行人和编辑，包括他父亲最好的朋友和美国最成功的编辑之一克莱·费尔克。但由于解雇的原因不是愤怒或嫉妒，因此员工士气似乎没有因此而受到影响。默多克先生总是能够使员工相信这些被解雇的人其实仍然很优秀，只是当时不很适合这个工作而已。"

当员工的工作能力、职业态度完全达不到公司要求时，恐怕再慈祥的管理者也要考虑动用"解雇"这一无奈的招数了。当然，一般来说，管理者应该给予落后员工一个改进的机会，让他们认识到自己的不足，尽快调整自己，以求与公司的要求步调一致。但倘若员工依然不能达到要求，似乎也就没有其他办法了。不过，我们应该注意，在解雇员工时，最好将解雇的原因——无法达到公司要求，诚实地告知与他，否则，员工在自我感觉良好的情况下，突然接到最后通牒，在情感上是很难接受的。

同时，为了避免劳资双方产生无谓的争吵及劳资纠纷，我们在准确解雇某一无法达标的员工之前，至少应该做好以下几手准备：

一、建立完善的绩效管理体系

拥有一个完善的绩效管理体系，会使员工明确自己的绩效目标。倘若员工能够通过努力达到要求，自然是大家都乐于看到的事情。倘若他确实没有这个能力，想必他也不会牵强地怪罪别人。

二、备份员工工作表现记录

我们应该在日常工作中认真观察并备份好员工工作表现的真实记录，月末请员工核对、认可。倘若员工的工作表现一直无法达标，那么在真凭实据面前，他应该知进知退。

三、及时将工作表现反馈给员工

我们还应该及时将员工的工作表现反馈给本人，尤其是负面信息的反馈。虽然这可能令上下级之间产生不快，当若没有平时的沟通，一朝解雇，矛盾爆发时反而会更激烈。

毋庸置疑，解雇员工并不是一个随意性的行为，若是处理不当，很可能会引发劳资纠纷，因此管理者必须认真对待、科学处理。

第七讲　宽严篇

精华论点：

拿破仑：我有时像狮子，有时像绵羊。我的全部成功秘密在于——我知道什么时候我应当是前者，什么时候是后者。

开篇语：

对于管理者而言，对于下属管理尺度的宽严往往是最难掌握的。但是，这也正是管好人、做对事的必备条件，因为唯有宽严适度，才能将"管理"这盘棋下活。精明的领导都是梨园英雄，他们知道什么时候唱"红脸"，什么时候唱"白脸"，他们知道，只有恩威并用，"红脸"、"白脸"搭配好，戏才能唱出彩来。

第一节　恩与威一样莫失，法与情携手共治

恩是温和、奖励；威是严格、责备。身为一个管理者，恩与威我们必须配合运用。

"令之以文，其以武"这是孙子《行军篇》的精髓，通俗一点说，即领导者应文武兼施，恩威并用，不失人情，又不失威严，让下属心悦诚服。孙子在这里所倡导的"文"、"武"之道，活用于现代企业，就是"狼性管理"与"水性管理"的有效结合。通俗一点说，即管人之事既可以借制度、纪律、处罚等强制手段进行硬性管理，亦可通过教育、感化、激励等手段进行柔性管理。

在这里，制度是刚性的，制度面前人人平等，天子犯法亦应与庶民同罪。对待制度，每个人都要遵循"火炉效应"，谁随便去触碰，都要被"烫手"。

相对应地，我们的领导手法应该是柔性的，尤其是在员工被"火炉效应"惩罚以后，应及时做好抚慰工作，即打一巴掌揉三揉。巴掌要狠，揉得更要舒服，将"无情的制度"与"有情的管理"相结合，在一刚一柔之间调教好你的团队。在这方面，明成祖朱棣做得就很到位，大家不妨一起去学习一下。

明太祖当年治理南方地区，虽有武功以定天下，文德以化远人和

四海一定，以德化为本的思想，做了许多文治的工作，但晚年失之于急躁，如在鄂西急于废土司，留下了不少问题。成祖朱棣即位后，在首重北边的前提下，也解决了一些南方的治理问题。

沐氏镇云南，开始于洪武时沐英、沐春父子。沐春死后，其弟沐晟继续镇守云南。沐晟与封在昆明的岷王不和，成祖了解此矛盾后，徙封了岷王。沐晟请加兵讨车里（云南南部以景洪为中心的大片地方），成祖多次下敕文责沐晟政事烦扰，号令纷更，要求沐晟怀柔车里，不可轻易兴兵，注意云南民族地区的安定。

洪武时期，由于贵州的水西女土官奢香向往中原文化和太祖对贵州的招抚政策得当，奢香"开赤水之道，通龙场之驿"，贵州与外界的联系加强。成祖即位后，命熟悉贵州情况的大将镇远侯顾成守贵州。因顾成是一介武夫，成祖一再告诫他不可穷兵黩武，喜功好事，而应该老成持重，顺情而治。后因贵州思州、思南二田姓土司互相仇杀，禁之不止，成祖乃密令顾成携精干将校潜入，将二田姓土司擒拿，贵州改土归流的条件成熟。于是在永乐十一年（1413 年）设置了贵州布政司，从此贵州作为一个省区成为明朝的组成部分。

镇守广西的韩观是行伍出身，因军功出任广西都指挥使多年。靖难期间，建文帝调韩观练兵德州，用以对付燕师。成祖即位后，丝毫不计较韩观的这段经历，仍任用韩观镇守广西，佩征南将军印节制广东、广西两个都司。韩观性凶狠、嗜杀，成祖赐玺书告诫韩观，强调以德抚广西，"杀之愈多愈不治"，"宜务德为本，毋专杀戮"。韩观却自恃老于桂事，陈兵耀威，号称"威震南中"。由于韩观抚用兵乏术，务德无方，杀戮太过，颇违成祖德化之意。但也应看到，在韩观镇守广西期间，广西境内较为安定，这客观上有利于广西经济的发展。

至于被太祖晚年因急躁处理而遗留的若干南方交通不便地区的民族问题，成祖均给予补救，在那些地方恢复土司设置，使之与朝廷关系正常化。如设置贵州西部的普安安抚司，恢复因吴面儿反抗而废去的古州、五开为中心湘黔交界处的湖耳等 14 个蛮夷长官司和鄂西、思州、九溪等土司。

刚柔相济者往往可获大胜。明成祖朱棣虽然以武力起家，但他更重视用道德教化来稳固统治。他主张恩威并施，使人心服口服，从而获得大胜局面。由此可见，从古至今，高明的管理者都懂得运用规范的理性管理和人性化的非理性管理来驾驭下属，这两者完美结合，便可创造出道德的管理、智慧的管理。

其实要做到这一点并不难，以下是我们为大家提供的一些管理建议，相信会对朋友们有所帮助：

一、以文化凝聚下属

如前文所述，我们应为下属建立共同愿景，能够直接影响他们的思维风格和行为方式。共同愿景可以转化为强大的凝聚力，令你可以轻而易举地统揽下属的思想和意志。

二、采用精神激励法

我们激励下属的最佳效果是满足他们精神上的高层次需求，尤其是自我实现需要和成就感。所以，在激励时，我们不能只看重物质奖励，更要从精神层面入手。譬如：委以重任、薪酬倾斜、给予培训机会等，均能收到不错的效果。

三、执法必严

"罚者，所以正乱，令民畏上也。"事实上，那些固执型的乱纪者，仅凭说服劝诫是很难令其改过自新的。是故，对于那些敢于触犯制度底线的下属，我们必须下重手，给予其严厉的惩处，必要时果断地予以清退，以保证整个团队的稳定性、纪律性。

总而言之，我们这些做管理者应深谙"文武之道"，文要文得有尺度，武要武得有策略。将文与武、刚与柔、宽与严这些看似对立的手段完美结合，让它们相辅相成，帮助你来实现管理目标。

第二节　宽要宽得有个数，严要严得有个度

对下属太严，就会引起他们的反抗，对下属太宽，又不利于管理。这个度，真的很难把握。

对待下属宽严适度，恩威并用，我们每一个管理者都应灵活运用。既是"管"人，就要严，必须有命令与批评，令要行禁必止。始终客客气气，不好意思直斥其非，只为维护自己平和谦虚的形象，在管理工作中是根本行不通的。管理者必须拿出做上司的威严来，让下属知道你的判断是正确的，是必须不折不扣地执行的。当然，对待下属也少不了温和，必须有"恩"有"宽"。我们平时与下属对话不妨尽量亲切一些，多去关心他们的生活，聆听他们的忧虑，这样，他们的工作效率一定会大大提高。因为他们会感到，上司很关心我，我就要好好干。

这么说大家或许会有些糊涂——到底是宽还是严呢？其实我们没有必要一定要深究，最重要的是得体就好。换而言之，在原则和制度面前，应该分毫不让，严厉无比；对于那些违犯了条规的，就应该举起钟馗剑，狠狠砍下，绝不姑息。当然，平常还应以温和、商讨的方式引导部属自动自发地做事。当部属犯错误的时候，则要立刻给予严厉的纠正，并进一步积极引导他走向正确的路子，绝不可敷衍了事。因为，假如我们对部属纵容过度，工作场所的秩序就无法维持，也培养不出好人才。这也就是说，无论用人或训练人才，我们都要一手如钟馗执剑，另一手却温和如慈母，做到宽严得体，才能得到部属的崇敬。

查里·爱伦是美国威基麦迪公司的老板，他曾当选为美国最佳老板。那么，他是凭什么获得这个头衔的呢？主要有两点：一是他每年将年度销售会议的开会地点定在加勒比海或夏威夷；二是他非常关心员工的疾苦，能认真听取公司员工诉说自己的困难和苦恼。一旦员工报告家中有重要或紧急的事情，他都会准以一定的假期，让其处理家事。正因他能与员工同呼吸、共命运，所以深受员工的爱戴。员工工作起来总是热情高涨。顾客来到公司后，看到公司员工一个个面带微笑，对公司油然产生了信任感，所以公司效益一直很好。

宽严适度、恩威并施既是管理者的一种风度，又是一种和风细雨的雅量。我们对于自己的下属不可不宽容、亲和、多加体谅，否则难以凝聚人心，难以开展工作。同时，我们的"威"也不能丢，领导者有魄力、威严，团队才有精神支柱。对待下属，我们也应适当严厉，树立自己的威信，无威则政令不通，团队犹如一盘散沙。宽和严、恩和威需要相辅相成，用之有度。宽，不能放任自流、法外施恩；严，不能太过苛刻，俯视群众。我们这些管理者唯有将二者很好地结合起来，才是领悟到管理的真谛。

大体上说，宽与严的要求是这样的：

1. 规章制度严不可侵。

2. 制度的执行力必须严。

3. 工作作风要严肃。

4. 相处之时多慈祥。

5. 人文环境要宽松。

6. 对待摩擦要宽容。

归根究底，管理的目的就在于稳定团队秩序、提升团队战斗力。是故，在管理中，无论是"慈母的心"还是"钟馗的剑"，都应该饱含深情。我们应常作换位思考，做到严而不酷、宽而不乱，不枉不纵。

第三节 毒瘤一定要严办，养虎只会留祸患

如果宽仁不断，则必受其乱。所谓当取则取，当舍则舍，就是这个道理。

人才是公司发展的基础，企业的发展和成就需要员工来创造。现今企业都提倡以人为本，提倡人性化管理。一般企业的管理制度，都

会用合理的激励、赏罚措施去刺激员工的主观能动性，让他们自动自觉地去遵守公司的规章制度，主动去承担自己所应该担负的工作责任。这就要求管理者们必须真心热爱自己的下属，要像家长一样去呵护、帮助下属成长。

在一个企业或组织里，大部分员工都是积极上进的。但偶尔也会有个别品行、道德败坏的员工存在。对这样的员工，若一味姑息，放任自流，任其"作奸犯科"，只会造成无穷祸患。一个家庭中，溺爱之下多会出逆子，同理，一个企业里面，对品行不端的下属过度放纵，不但对其成长没有任何好处，有时甚至会引火烧身，殃及自己。所以，我们对待屡教不改的下属，绝不能姑息养奸，必须要采取相应的策略，加强管理，使整个团队沿着正确、健康的轨道发展。

有这样一个案例：

某有限公司的总经理，私欲膨胀，在亲自负责销售工作的几年中，不仅大吃回扣，而且为把儿子安排到某单位上班，不惜动用几十万元业务款大送人情。在企业内部，他独断专行，重用亲信，压制打击不同意见者，排挤有水平、有能力的干部。企业生产失控，产品卖不出去而积压在仓库之中。这位总经理文过饰非，不仅对外哗众取宠，而且对上说大话、阿谀逢迎、推卸责任以嫁祸于人，在群众中影响极坏。企业几年之内，亏损数千万元之多。

公司人事调整之后，新换了一位董事长。这位董事长大学毕业，为人仁厚，也有水平和能力。由于在该公司中，那位总经理管了多年生产技术，而别人都不如他的资历长，所以董事会仍然用他担任公司总经理。

一开始，总经理热情积极，工作也着实抓了一些，也很讨董事长欢心。

但由于要改变公司经营状况，势必要涉及过去的遗留问题。因此，可以推想，管理工作是难以理顺的。而且总经理本性难改，旧的思想意识和工作作风很快又在经营管理活动中体现出来了。

董事长勤于公司事务，当然很快就有所觉察。但他只是采取私下交换意见的方式，同总经理讨论分析。这样沟通的结果，他又觉得总经理的作为可以理解，而别人对总经理的不满意见是极有成见的反映。于是，就开始了长达几个月的会上和会下的协调。但是，公司经营却不见起色。注入的几千万元资金快用光了，生产和市场状况未见实质性的好转。

董事长在上任之前，曾专门请了一位顾问。按这位顾问的计划，首先确立公司新的发展战略；随后培训管理干部，统一思想认识，提高士气，振奋精神；再后，调整机构，健全企业运行机制，完善有关规章制度；最后，即董事长任职后约 6 个月的时候，实质性地调整人事和干部队伍，主要是中上层管理干部。该计划是从企业的历史和现状出发的。

由于总经理的所作所为，董事长上任三个半月后，尽管公司正忙于理顺机制和健全规章制度，可那位顾问沉不住气了，在深入调查研究之后，明确地向董事长建议：换掉总经理。

作为一个企业顾问，提出这样的建议，本身就是慎而又慎的事情。可见事情的严重性。

董事长同意顾问提出的所有问题和所有分析，但就在"换掉总经理"的决断问题上下不了决心。

董事长对顾问说过这样一段很动感情的话："你看他（指总经理）

熬了一辈子，好不容易才熬到正处级这个地位上。如果把他撤掉，他这一生就前功尽弃了。这对他是个很大的打击，咱们也不忍心那样去做。你看他都 58 岁了，还有两年就退休了，还是等两年吧，也让他画上一个圆满的句号。"

董事长的这番话，说得何等动人。他的心真的太仁慈了！

然而，由于企业经营迅速滑坡而不见起色，董事长被母公司撤掉了，为此他也失去了在母公司上层领导眼里的地位。

奇怪但又不奇怪的是，在董事长受到母公司上层批评的过程中，那位总经理上蹿下跳，大说董事长的坏话，把一切责任全推到倒霉的董事长身上。

当然，那位心术不正的总经理，也没有能逃脱失落的命运。在离他退休还有一年半时，也灰溜溜地被换掉了。

上述案例表明，判断虽然是果断的起点，但判断正确仍然取代不了决断的英明。这里一个很重要的问题，就是管理者的心理状态和观念。那位董事长有判断力，但由于宽仁之心在作怪，该采取行动的时候却犹豫不决，以致姑息养奸，养虎为患。

毋庸置疑，多数领导者都希望自己的下属能够个个出色，都希望下属能够有好的发展，对于下属采取相应的惩戒措施，实属无奈之举。其实，对于领导者而言，惩罚并不是最好的解决办法，高明的管理者会将错误熄灭在初始阶段。这就要求我们：

一、及时批评，防微杜渐。我们应当认识到，批评也是对下属的一种关心。如果下属犯了错，依旧听之任之，日积月累，下属就会在错误的道路上越走越远，而更高领导也会追究你的监管责任。所以，我们在平时应多与下属沟通，多注意观察下属的一举一动；一旦发现下属有犯错的苗头，就及时将其熄灭，一旦发现下属犯下错误，就及时批评，以免错误扩大化。

二、讲究方式，对事不对人。毋庸置疑，批评倘若使用不当，势必会产生副作用——激起下属的逆反心理，造成上下级关系紧张。所以，我们在纠正下属错误之时，一定要尽量照顾下属的自尊心，批评时请务必秉持对事不对人的原则。

不可否认的是，作为管理者，我们需要具备宽容的特质，但宽容并不等于纵容。对下属错误的纵容，往往会令我们自食其果，这是管理工作中铁的教训。现代企业之所以一再强调"以人为本"，主要是为了在"人才竞争"中胜出，是故对于"人才"，管理者多是比较优待的。他们能够设身处地地为"人才"着想，尊重他们的人格，体察他们的性情，给他们尽情发挥能力的空间，这些是所有管理者都值得借鉴和学习的。但这绝不意味着，重视人才就要以情感代替原则，以理解来抵制制度，此举只能在下属犯错的道路上起到推波助澜的作用。

我们应该认识到，姑息养奸非但不能让下属受到感化，服服帖帖地接受管理，反而会让自己威信尽失、颜面扫地！

第四节　团队散乱别胆怯，抓住典型开"杀戒"

相传猴子是最怕见血的，驯猴人要首先当面把鸡杀给它看，叫它看看血的厉害，才可以逐步进行教化。

我们要贯彻自己的意图，发挥下属的整体力量，就需要有统一的行动、统一的意志。而统一的行动、统一的意志，需要靠严明的法纪去实现，靠威严的治理手段去巩固。倘若指挥不灵，兵不服将，将不从帅，整个组织系统就成了一盘散沙，管理机器就很难保持正常运转，实现管理目标也就成了一句空话。所以，必要时必须惩治个别典型，以警告其他下属，使他们遵纪守法，服从指挥。

此即"牺牲个别人，拯救整体"的抓典型的做法。如果责备整个团队，将会使大家产生每个人都有错误之感而分散责任。同样地，大家也有可能认为每个人都没有错。所以，只惩戒严重过失者，可使其他人员心想："幸亏我没有做错。"进而约束自己尽量不犯错误。

古人云："劝一伯夷，而千万人立清风矣。"同样的道理，对众多不听话的下属，你不可能全部惩罚，抓住一个典型，开一开"杀戒"必可使千万人为之警觉畏惧，这就是"惩一儆百"之所以有效的道理所在。

《左传》记载：孙武去见吴王阖闾，与他谈论带兵打仗之事，说得头头是道。吴王心想："纸上谈兵管什么用，让我来考考他。"便出了个难题，让孙武替他训练姬妃宫女。孙武挑选了 100 个宫女，让吴王的两个宠姬担任队长。

孙武将列队操练的要领讲得清清楚楚，但正式喊口令时，这些女人笑作一堆，乱作一团，谁也不听他的。孙武再次讲解了要领，并要两个队长以身作则。但他一喊口令，宫女们还是满不在乎，当队长的两个宠姬更是笑弯了腰。孙武严厉地说道，"这里是演武场，不是王宫；你们现在是军人，不是宫女；我的口令就是军令，不是玩笑。你们不按口令训练，两个队长带头不听指挥，这就是公然违反军法，理当斩首！"说完，便叫武士将两个宠姬杀了。

场上顿时一片肃静，宫女们吓得谁也不敢再出声。当孙武再喊口令时，她们步调整齐，动作规范，真正成了训练有素的军人。

在实际工作中，我们也时常会遇到这样的情况：纪律涣散，人心浮躁，甚至还有派系纷争，乌烟瘴气。我们要对这样的部门进行治理，就必须有果敢的精神，对为首者加以严惩，而且事不宜迟，越快越好。倘若在这种情况下还顾念人际关系的影响，避免面对人事冲突，任由局势继续恶化，最后还是难辞其咎，根本就不可能两全其美。假如我们在这种情况下姑息养奸，只能说明我们缺乏魄力，是一位不称职的管理者。所以，为了整顿团队内部涣散的士气，有时不妨刻意制造一点紧张的气氛，大胆运用"抓典型"策略。这是一个非常有用的震慑手段，也是一种有效的管人权谋。

当然，即使是抓典型这样的事情，也是有其原则可循的，我们来看一下：

一、可严打出头者。如果说办公室里已经暴露出了无序的苗头，我们就应该注意观察，抓住第一个以身试法者，并从速从严予以处置。这样做有两个好处：第一，第一位只有一个人，容易处置；第二，第一位胆量大，影响坏，若不及时处理，便会有效仿者紧随其后。处理第一位能够起到杀一儆百的作用。

二、可敲击情节严重者。如果同时碰到好几位违纪违规者，应当缩小打击面，重点惩处情节严重、性质恶劣、影响最坏者。其他的给予适当的批评教育就行。如果不加选择，一律照打，第一，由于打击面过宽，达不到"警"的目的；第二，会影响工作；第三，树敌太多，影响你的威信。只有有选择地重点打击，才能切实收到效果。

三、可惩处资深人员或中层干部。如果能够抓住一个资深人员或肩负重任的中层干部进行惩处，效果会更好，更能对普通职员起到警告作用。有实绩的人或部门主管都被惩处、指责，其他职员能不感到紧张而加倍努力工作吗？

四、惩处要使对方心服口服。既然是惩罚，肯定都是无情的。作为管理者，我们在使用这一手段时，也要考虑到对方的情绪。应当注意：第一，惩处方式不能过于偏激，要留有余地，能被对方接受；第二，惩处要有理有据，根据纪律规定、制度来执行，使被惩处者心服口服，无话可说。

五、惩处要恩威并用。"抓典型"只是管理上的一种手段，但不是唯一的手段，它不是以打击报复为目的的。所以，还须辅之以"恩"的手段，软硬兼施。这样，能使被惩处者在被"杀"的同时，又感受到了一些关爱。对管理者而言，铁腕政策得到了实施，又收获了人心，还树立起一个可畏可敬的形象。

六、要注意频率和次数，此法不能用得太多、太频繁。否则，会引起下属们对你的不满，甚至认为你只会处罚人、挑别人毛病，缺乏管理能力，从而从内心里看不起你，影响我们的形象和权威。

不过要提醒大家，我们要"杀"的这个角色绝非每个人皆能胜任，必须选出一位个性适合的人。他的个性要开朗乐观、不钻牛角尖，并且不会因为一点琐事而意志动摇，如此方能用于此项"任务"。我们应避免选用容易陷于悲观情绪，或者太过于神经敏感的人。若错误地选择了此种类型的下属，日后将带给你更多的困扰。

第五节 不必事事都清楚，该模糊时且模糊

我们管人，其根本目的在于趋利避害，挖掘下属的最大价值，创造最大利益。

在现代管理中，我们往往会遇到很多棘手的问题，处理不好，便会弄得鸡飞狗跳，得不偿失。对于这些问题，我们不能太过较真，利用模糊思维趋利避害，俨然是一种不错的方法。

模糊，泛指反映事物属性的概念的外延不清晰，事物之间关系不明朗，难以用传统的数学方法量化考察。模糊思维是人脑的一种思维方式，被誉为"电子计算机之父"的冯·诺依曼曾指出，人脑是一台"计算机"，它的精确度极低，只相当于十进制的 2 ~ 3 倍。然而它的工作效率和可靠程度却很高，现在，我们还不能制造出一台人脑这样

的电子计算机。管理活动中的大量问题，都属于复杂问题，具有模糊性质。现代管理活动系统涉及因素众多，这些因素之间的联系多向交错，性质多样，使得事物与事物之间的关系不明朗、不清晰，这些联系和关系又处在瞬息万变之中，人们对这些联系和关系及其变化的判断又受人的感觉、感情、非理性因素的影响，因而使我们所要处理的许多问题都具有模糊性质。

为了使领导活动中许多模糊概念明朗化、模糊关系清晰化，使我们在处理具有模糊性质问题的过程中处于主动地位，大家应当了解掌握模糊思维艺术，以增强解决各种棘手问题的能力，正确地处理日常碰到的复杂问题。其实这也并不难，只要大家记住：模糊思维方法最根本的特征是——在模糊条件下取大取小原则，即利取最大，害取最小。这是模糊思维方法的灵魂。

举例说明一下：

一次，松下幸之助跟几位客人在一家餐厅用餐，一行 6 个人都点了牛排。等大家都吃完后，松下让助理去将烹调牛排的主厨请过来，他还特别强调："不要找经理，找主厨。"助理注意到，总裁面前的盘子里剩下了半块牛排，心想待会的场面可能会很尴尬。

主厨跟着助理出来了，他知道请自己的客人来头很大，神色很紧张。"牛排有什么问题吗？"主厨紧张地问松下。"不是，你烹调牛排的手艺非常好，"松下随和地说，"但是我只能吃下一半。不是因为你做得不好，牛排真的很好吃，我也很喜欢吃。我没吃完，是因为我已经 80 岁了，实在没有那么大胃口。"

主厨与其他几位客人面面相觑，过了好一会大家才明白是怎么一回事。"我之所以叫您出来当面和您谈，是因为我担心，您看到吃了一半的牛排就倒掉，心里会难过。"

如果你是那位主厨，听到松下先生的如此贴心的解释，会有什么感受？是不是觉得备受尊重？一旁的客人听见松下如此真诚、细心的解释，更佩服松下的人格并更喜欢与他做生意。

又有一次，松下对一位部门经理说："我个人要作很多决定，并要批准他人的很多决定。实际上只有40%的决策是我真正认同的，余下的60%是我有所保留的，或我觉得过得去的。"

经理觉得很惊讶，假使松下不同意的事，大可一口否决就行了。

"你不可以对任何事都说'不'，对于那些你认为算是过得去的计划，你大可在实行过程中指导他们，使他们重新回到你所预期的轨迹。我想一个领导人有时应该接受他不喜欢的事，因为任何人都不喜欢被否定。"

一个成熟的管理者，理应像松下先生这样，能够尽量从员工的立场考虑问题，对自己不喜欢的现象或事物并不急于否定或批判。他会用委婉的表达和模糊的思维去赢得更多人的尊重和支持。由此可见，在坚持原则的同时，运用模糊逻辑，以"难得糊涂"的思维方法去灵活处理复杂的问题，这是我们每一位领导者应学会的管理艺术。我们在日常管理工作中可以这样去做：

一、处理模糊性问题宜粗不宜细。对于已经明确作出的重大决策、规章制度等，我们须认真调查研究，细细斟酌，再进行决断处理。但对于一些比较模糊的问题，我们处理时却宜粗不宜细。诸如涉及内部的具体问题，常见的管理团队不团结问题，下属间的隔阂、积怨问题，员工中存在的各种情绪问题等，采取"宜粗不宜细"的模糊方式去处理，其效果往往胜于精细深究一筹。

二、处理模糊性问题时尽量多容忍与原谅。面对重大原则问题，我们就必须亮明态度了，要旗帜鲜明地严肃对待。但对于像内部团队管理、上下级关系处理、员工协调等模糊性问题，则要多以容忍、原谅的态度去处理，这样才能达到理想的效果。其实，任何事情都应该从正反两方面去看，而并非以简单的对或错就能评定的。既然如此，我们就应当容忍他人的缺点，原谅他人的过失，一如著名心理学家斯宾诺莎所说："心不是靠武力征服，而是靠爱和宽容大度征服。"

　　三、处理模糊问题时多采用拖延与沉默策略。我们处理重大、紧急情况，明朗的问题，无疑应果断、坚决，态度鲜明。但在面对某些模糊问题时，则应当采用拖延与沉默的策略。比如对可做可不做的事、可开可不开的会、可发可不发的文件等，有意拖延一下，并不会影响大局。当然，这个过程中需要把握好度。对可管可不管的事、对可说可不说的话保持沉默，效果反倒更好。古希腊作家普卢塔克说："适时的沉默，是极大的明智，它胜于任何言辞。"

　　总而言之，在管理工作中，我们处理具有模糊性的工作或问题时，应把原则性和灵活性结合起来。原则性是质的体现，它是确定的，但是在一定条件下，它又是模糊的，须通过灵活性为其镶上一圈"模糊的灵光"。灵活性是量的体现，它是不确定的，须在原则性形成的质的磁场中为其排定"是"与"非"的方向。

第六节　管理不能太呆板，红脸白脸集一脸

一会扮红脸，一会扮白脸；一会砸场，一会收场，管人效果自然不同。

任何一种单一的方法只能解决与人相关的特定问题，都有不可避免的副作用。在管人方面对人太宽厚了，便约束不住，结果无法无天；对人太严格了，则万马齐喑，毫无生气。最有效的方法则是，学会红脸白脸集一脸。

可以想象得出，如果我们一直唱红脸，毫无个性和脾气可言，就会被下属视为"软蛋领导"，不会受到尊重，更别提驾驭下属；相反，倘若我们总是冰着一张脸，下属就会认为你不近人情，纷纷远离你，这样一来，我们无疑被孤立了，根本无法很好地开展工作。所以，我们心中必须有个度，该红的时候就红，该白的时候就白。

其实那些高明的管理者，为避此弊，莫不运用红脸白脸相间之策。他们就像高明的演员一样，会根据角色的需要适时地变换脸谱。

清朝乾隆皇帝就深谙"红白相间，依势变脸"的道理。他对知识分子大多采用怀柔政策。他对知识分子总是恩爱有加，规定见了大学士，皇族的老老少少们都要行半跪礼，称之为"老先生"。如果这位

大学士还兼着"师傅"，就称之为"老师"，自称"门生"或"晚生"，如此种种，不胜枚举。

他甚至亲笔谕旨："儒林是史传所必须写入的，只要是经明学粹的学者，就不必拘泥于他的品级。像顾栋高这一类人，切不可使他们湮没无闻啊！"遵皇帝旨意，史馆里特设《儒林传》名目，用以专门记述、收录编写重要知识分子的学术生平。平时，在上送的奏章中，乾隆若看到鄙视"书生"、"书气"一类的议论，定会要予以批驳。他说："修己治人之道，备载于书，因此，'书气'二字，尤可宝贵，没有书气，就成了市井俗气。"并且还说，"我自己就天天读书论道，因此，也不过书生！"乾隆对书生的宠爱竟达到如此境地，似乎前无古人。

当然，说到底乾隆为的是维护政权的统治，自然要求臣下们严格遵守皇权至上、族权至上的元祖，他终究是要保持"大清"永不"变色"。谁要是在这方面稍有越轨，他的红脸马上转换成白脸，满脸堆笑转换成杀气腾腾。管你是有意无意，有错没错，都立即被逮捕入狱，轻者"重谴"或"革职"，甚至"立斩"或"立绞"，甚至处死后要"弃市"、"寸磔"，已死的也得开棺戮尸，连朋友、族人也统统跟着倒霉。

乾隆在位期间，大兴文字狱，有案可查的竟有 70 余次，远远地超过他的先辈们，这也是空前绝后的。乾隆这一手也够厉害的了，只搞得文人学士人人自危，处处小心，几篇游戏讴章，几句赏花吟月之词，一不小心，也往往弄出个莫须有的罪名，乾隆就是使用这样无情的白脸巩固了自己的地位。

其实，红脸与白脸说到底就是管理方法和态度的调和运用。那么，究竟如何扮演好这两种角色呢？我们可以以下两条为判断依据：

一、下属犯的是否原则性错误。如果是，我们必须唱白脸，依法办事，铁面无私，该罚就罚。倘若此时因怕得罪人而不敢秉公办理，那么后面的工作局面将难以打开，我们也称不上是合格的领导者了。

二、下属犯的是否非原则性错误。比如，新员工刚接触某项新工作，因为不懂造成的简单失误，我们就没有必要严加追究了。这时，你首先应该做的是去安慰你的下属，平服他的情绪，然后再给予他正确的指导。

作为一名管理者，我们绝对有必要学会红脸白脸集一脸，有些时候，我们需要露出一张微笑的面孔，点头向大家说"可以，很好"，不时地感谢一下员工。也可以说几句："辛苦了，谢谢，谢谢！"以使大家工作起来更有劲头，更加高兴。有些时候，即便我们必须去批评，也不要忘记在唱过白脸之后再唱一下红脸，就是常说的"打一巴掌给个甜枣"，批评与鼓励一样都不能少，但最好是以鼓励为主，以批评为辅。

"恩威并用"的配合会使我们的管理工作更显得紧凑，既不伤故旧和气，而又达到统御目的，尤其对那些有功之人更适合些。

第七节　没有压力就低产，给他一点紧迫感

压力与工作效率之间合成为一种曲线关系，当压力增强时，工作效率就会提高。

孙子曾经说过："道者，令民与上同意也，故可以与之死，可以与之生而不诡也。"这位伟大的战略家倘若能够活到今天，他将告诉各位管理者，为员工建立共同目标，加强他们的紧迫感有多么重要，他会告诉你应该在每一个组织成员心中都烧上一把火。

毫无疑问，紧迫感是下属努力工作的催化剂。如何让下属产生紧迫感呢？一个似乎有点笨但绝对有效的做法是，紧紧地"盯"着他们，关注他们的工作进展并及时指出不足，尽量把自己所承受的来自市场的或来自上级的压力传达到每一个下属身上。

不称职的部下就得换掉，这当然不错。但这并不是处理人事问题的高明方法，同时也不是处理人事问题的最终目的。从郭士纳那里我们多少会受到一些启发。

郭士纳临危受命、接掌 IBM 董事长兼首席执行官之时，这位蓝色巨人面临着被肢解的危险。到郭士纳接手时，IBM 亏损达 50 亿美元。在郭士纳上任后第一年，IBM 亏损达 81 亿美元；翌年，IBM 盈利 30 亿美元，此后连年丰收。

"郭士纳的个性比钉子还硬，目前 IBM 困难重重，正需要像他这样具有超凡才干的人。"IBM 的一位高级主管曾这样评价道。郭士纳的确不是一个唯唯诺诺之人，他清楚地看到 IBM 最大的问题在于内部管理涣散，员工动力不足。他上任后，没有大量更换高级主管，但他通过自己强硬的行为作风和言论力量，扭转了 IBM "遗老遗少"们的慵懒、消极作风和思维方式。他挥刀斩除 IBM 的种种顽疾：官僚习气、与市场脱轨、研发周期过长、企业运作成本高昂、大锅饭，等等。

在郭士纳到来之前，IBM 的企业氛围就像一个轻松、惬意的大家庭一般。后来担任 IBM 个人电脑公司的总经理萨姆尔·佩米萨罗回忆说："那时我们的企业文化营造出一种平缓舒适的氛围，有时你甚至会忘了自己在哪儿。会议总是轻松愉快，你走进会议室，看到一切都是那么和谐，几个人坐在一起悠闲地聊天。如果经营情况较好，他们会说：'非常感谢。'即使结果不尽如人意，他们还是会说：'我们知道你已经尽力了，十分感谢。'"

而在郭士纳的"统治"下，IBM 的会议绝不可能这么轻松愉快。只要他参加会议，会前他必定要求各部门主管把运营情况和出现的问题详细写下来，他这样做是为了让 IBM 人习惯于正视困难。在用户会议上，他鼓励参会人员对他的董事会发难。如果董事们回避问题，郭士纳就会指定一个董事负责解答。佩米萨罗回忆起当时的情形说："他会从椅子上跳起来，毫不留情地训斥他的下属。"他直率的作风让整个公司都感到震颤。佩米萨罗继续说："要是你被郭士纳点了名，别指望会听到一句称赞的话，多数时候都是他愤怒地责问：'这到底是怎么回事？'"

在他重组管理队伍时，郭士纳说："我不管你将是未来的商界名人，或是正准备另谋出路，我要的是你们现在得为我尽心尽力地工作。"对他手下那批管理者来说，适应郭士纳的过程就如同达尔文的进化论一样残酷而且缓慢。IBM 的经理常谈起，他们是如何被郭士纳偶然叫住，并被要求立即对一名同事作全面的评估。一位 IBM 雇员说："他想知道我对自己的上司怎么看。尽管我说的都是称赞的话，但当着他的面我始终感到心惊胆战。"开会时，郭士纳习惯对每个在场的人作一番评价，他说："毫无疑问，在最初的一年里有些人企图给我服精神砒霜，我是指那些很糟糕的主意和计划。"

在经营管理理念上，郭士纳总是竭力让每一位员工知道公司的发展方向，这对于像 IBM 这样的跨国企业通常是最难做到的事情。他打破过去 IBM 等级森严的做法，用电子邮件直接跟所有员工沟通。比如，如果今天美国总部宣布了公司的全球业绩，那么第二天早上全球 20 余万员工的电子邮箱里都会收到总裁的详细报告。他每去一个地方都要专门安排一个小时与所有的员工见面，讲一下公司的方向，然后留下 45 分钟，让员工举手随意向他提问。于是他总有办法听到客户的声音，听到员工的声音，看到市场的变化。

郭士纳告诉下属："你必须准备迎接变化，并且必须有紧迫感，愿意在必要时马上做出改变，否则在迅猛变化的计算机产业中就不可能跟上潮流并取得成功。"

紧迫感，是郭士纳为这个濒临崩溃的公司注入的强心剂。旧的 IBM 文化不屑于过多谈论竞争，不主张人们出风头。IBM 在计算机行业的垄断曾遭到司法部抵制，因此公司与司法部产生了冲突，而后鼓励员工表现出谦和、低调姿态，不要太富于竞争性。销售人员被告知不要贬低竞争对手，不要因行为抢眼引起政府注意，等等。但郭士纳要打造的是一个完全不同的 IBM。他希望看到员工们富有竞争意识、朝气蓬勃的精神面貌，希望每名员工都积极争先。IBM 失去了一笔生意，就像他自己也失去了生意一样。他希望公司的每个人都会这么想。

"紧迫"是郭士纳的口头禅。他不只希望变化，还希望变得快点。为实现这个想法，他一边迫使员工重新考虑业绩，重新考虑他们如何把产品推向市场；一边让员工知道他们的工作不是板上钉钉的。同时，营造一种更随意、更民主的氛围，以往保守谨慎的思维方式已被摒弃，冒险和进取的做法受到热烈欢迎。为了强调这些做法的重要性，郭士纳把主管人员的薪水的优先认股权与 IBM 的整体业绩紧密挂钩，迫使经理们紧紧盯住自己的业务。至于上层管理人员，他要求他们按一个固定的比例持有股票。IBM 总部执行委员会成员持股量为年基本工资和奖金的 3 倍；其他地区的管理委员会成员为 2 倍；高级管理层持股量等同于其年基本工资和奖金。郭士纳给自己定了更高的股权要求——他必须持有自己年基本工资和奖金 4 倍的股票。对非管理人员没有相应的股权要求，而是使他们享有股票优先认股权，在过去只有高级管理人员才享有这些优先认股权。

或许我们也曾见过或者根本就是正在经历这样的情景——管理者自己忙得焦头烂额，而下属却悠哉游哉，这样的管理者就是在"哪些方面需要紧一点"、"如何去紧"的问题上犯了糊涂。作为一名现代管理者，我们首先应该以身作则，用自己的激情感染员工，让每一个员工都为自己上紧发条。

那么，在这一方面，具体有哪些方法值得我们借鉴呢？

一、让员工感受到紧迫感。产生紧迫感就是让组织内部的所有人认识到执行力的现状以及缺乏执行力的严重后果。尽管很多企业已经言必称执行，但并不意味着企业领导者已经将自身对执行力的焦虑转化为广大经理和员工的共识。我们要让员工明白，职业精神与专业技能的提升有多么重要，让他们知道，每一个拖泥带水、不负责任的员工势必会被竞争的大潮所淘汰。当员工心中有了危机感，他们自然也就不敢懈怠了。

二、帮助员工树立明确的职业目标。目标是一个人奋发上进的动力源，员工只有明确了自己的职业目标，才能有所追求，懒散的观念意识才会有所转变，才会对工作形成一种自然的紧迫感。要知道，紧迫感更多是自己给的，思想上的问题解决了，其它的便不在话下。

三、引入外部现实。说白了，就是利用外界因素来刺激内部员工，借助各种生动的数据、案例、视频等形式，让员工对外部环境形成一定的了解，看到外部存在的危险及新机遇，从而促发他们的紧迫感。日积月累，这种方式会令员工逐渐养成"向外看齐"的习惯，于是，当员工看到外部危机之时，他们志得意满、傲慢懒散的情绪就会大幅度地减轻。

员工一旦形成了真正的紧迫感，就会自发自觉地采取行动——是马上，而不是"明日复明日"。真正的紧迫感最具意义的一点，就是它能促使员工发自内心地立即行动并争取圆满地完成任务。毫不夸张地说，能否使员工产生强烈、持久的紧迫感，是一个团队能否持续发展的关键。这一点我们绝对不可忽视！

第八讲 控权篇

精华论点:

彼特·史坦普:成功的企业领导不仅是授权高手,更是控权的高手。授权问题指的是如何将职权在组织中进行合理而有效的配置。

开篇语:

不会授权的管理者往往因为他们貌似工作负责,而能蒙骗企业一时。长此以往,企业不被他们搞垮也会被他们拖垮。那么,是不是会授权的管理者就一定能把企业管好呢?答案也不尽然。授权也是分权,会分权还要会控权。授权与控权的成功与否,从大的方面来讲,决定着企业的兴衰成败;从小的方面来讲,影响工作的顺利开展。因此,授权必不可少,但控权也不可忽略。

第一节　咱不能什么都管，也不能事事不管

不会运用权力的管理者"有名无实"，不会控制权力的管理者"被架空"，管理者如何用权，决定团队的成败！

带兵打仗、破敌制胜必须要有一个合理的"道"，这"道"是手腕、是智谋，是一个管理者的韬略。事实上，那些知名的企业家如柳传志、张瑞敏等，都在"道"上颇有所得。若想成为一名卓越的管理者，我们就必须熟悉各种管理方法和手腕，以达到"以道驭人"、"上下相得"的境界。而企业的分权与控权，讲的就是一种"道"。

在企业的经营管理过程中，授权是最有效的领导手段之一。我们既要分权，又要控制，要做到"有限分权，无限控制"。权力的分配应该像金字塔，只有做到相互牵制，相互支撑，才能达到相互平衡、和谐。

事实上，我们将自己所拥有的一部分权力授给下属去行使，使下属在一定制约机制下放手工作，不但可以充分调动员工的积极性，加速他们的成长，还可以使我们自己得以从琐事中脱身，集中精力于更重要的事务，所以说，授权是我们这些当代管理者必须掌握的一门艺

术。请注意，我们用的是"艺术"一词，之所以如此，是因为授权有很多技巧。只有掌握好度，权力授予得法，监控得力，才能取得好的效果。反之则会导致恶果。就此而言，说它是管理艺术，一点也不过分。

话虽如此，但其实，掌握这门艺术并不难，它的重点就在于放权与监控同时进行。

监控是对领导权力的根本保障，是关系到团队兴衰存亡的必要措施。不少团队不缺乏明确而具体的目标和策略，也不缺乏优秀、卓越的人才，但最终却在竞争中遭到失败。为什么呢？最高管理者们通常将原因归纳为市场环境突变，导致团队的处境被动。其实他们犯的恰是最不起眼又最不该犯的错误——公司所制定的计划并没有得到彻底的执行，而公司的最高层却认为已经落实了。很大程度上，造成这种结果的原因正是高层领导者对已经授权的工作不闻不问，更未进行及时的跟踪。有一点我们必须明确：领导者的任务不只是制订计划，还应该对计划进行跟踪，及时发现问题并在第一时间予以解决。

这也就是说，我们在让员工充分发挥自己的才能的同时，及时监督与跟进也是相当重要的。在跟进的过程中，我们不但可以协助和支持下属顺利完成任务，而且还能监督下属，避免其偏离正确的方向。

一般来说，为使授权达到最佳效果，我们应该灵活掌握以下原则：

一、明确

授权时，必须向被授权者明确所授权事项的责任、目标及权力范围，让他们知道自己对什么人和事有管辖权和使用权，对什么样的结

果负责及责任大小，使之在规定的范围内有最大限度的自主权。否则，被授权者在工作中摸不着边际，无所适从，势必贻误工作。

二、适度

评价授权效果的一个重要因素是授权的程度。授权过少往往会造成我们自己的工作太多，员工的积极性受挫等不利影响；而过多又会造成工作杂乱无章，甚至失去控制。授权要做到下授的权力刚好够他完成任务，不可无原则地放权。

三、责权相符

权与责务必相统一、相对应。这不仅指有权力也有责任，而且指权力和责任应该相等。如果员工的职责大于他的权力，员工就要为一些力所不及的事情承担责任，自然会引起员工的不满；如果员工的职责小于他的权力，他就有条件用自己的权力去做职责以外的事情，从而引起管理上的混乱。

四、要有分级控制

为了防止员工在工作中出现问题，对不同能力的员工要有不同的授权控制。能力较强的员工控制力度可以少一些，能力较弱的员工控制力度可以大一些。控制并非想如何控制就如何控制，而是为了保证员工能够正常工作，在进行授权时，就要明确控制点和控制方式，管理者只能采用事先确定的控制方式对控制点进行核查。当然，如果管理者发现员工的工作有明显的偏差，可以随时进行纠正，但这种例外的控制不应过于频繁。

五、不可越级授权

越级授权是上层管理者把本来属于中间管理层的权力直接授予下级。这样做会造成中间管理层工作上的被动，扼杀他们的负责精神。所以，无论我们属于哪个层次的管理者，均不可将不属于自己权力范围内的事情授予下属，否则将导致机构混乱和争权夺利的严重后果。

同时我们还要注意：

1. 授权要因事择人，视德才授权。我们要认识到，授权不是利益分配，不是荣誉照顾，而是为了把事情办好，因此要选择思想品质端正、有事业心和责任心、有相应才能又精力较充沛的人，授之以权。

2. 不轻易授予重大权力。事关公司的发展方向、人员的任免等重大权力，我们不要轻易授给员工。

3. 我们必须对那些真正有才能的人放宽授权。我们应该有能容人的雅量，哪怕对方可能对你的地位与权力造成威胁，只要他能真正为你创造价值，就应该放手对他授权。

总而言之，权力是一把"双刃剑"，用得好，则披荆斩棘无往不利；用得不好，则伤人害己还误事。成功的管理者不仅应是授权高手，更应是控权的高手。无数事实证明，管理者超脱一切，任何事都不闻不问就能轻松自如地驾驭员工、把工作做好是不可能的。正确的做法是：在保证合理监控和牵制的前提下，将不必由自己掌握的权力交给下属，这样才算真正领悟了授权的实质。

第二节　用人也不可纵人，信任不等于放任

管理者在赋予员工信任的同时，也要进行合理的牵制和监督，这是企业管理不可或缺的"两个轮子"。

在管理者中，高明的管理者不会把权力一放了之。信任下属固然必要，但把权力下放给下属时也不可做"甩手掌柜"。不管我们对下属多么信任，在一些关键问题上该过问的一定要过问。如果放任员工，任其作为，那么不但收不到放权的效果，甚至可能破坏已有的成绩。

有的朋友将信任与放任混为一谈，给下属安排任务时说："这项工作就全拜托你了，一切都由你做主，你可以按照你自己的思路去办，不必向我请示，只要在月底前告诉我一声就可以了。"这可能会给员工一种不好的暗示，即这项工作对领导来说并不那么重要，就算我把它做好了，领导也不会嘉奖我，那我就随随便便去做好了。员工的责任心和热情自然不高。

这就是放任下属的后果：不仅不会激发员工的积极性和创造性，反而会适得其反，引起他们的不满。

那么如何预防这种不良情况的出现呢？最好的办法就是监督。

高明的授权法是既要下放一定的权力给员工，又不能给他们以不受重视的感觉；既要检查督促员工的工作，又不能使员工感到有名无

权。我们若想成为一名优秀的领导者，就必须深谙此道。

一位在工作中经常成功授权的朋友是这样向我们介绍他的管理经验的："我每天的工作成分，有95%是为了未来5年、10年、20年做预先计划，换句话说，是为未来而工作。至于那些已经试办并有成例的事我很少插手，最多只管5%的事务，其余都归常任人员去做和负责，我只定期花少量时间去检查他们的进展如何。"可见，授权之后，我们的角色应由工作的实施者变成工作的控制者，只有完成这一角色的转换，我们的授权管理才能走上合理、有效运行的轨道。

然而，并不是所有朋友都能意识到这种转变，很多人还不知道怎样在具体工作之外，获取有关工作的重要信息，实施有效的控制。在著名的摩托罗拉公司就出现过类似的事情，当时，51岁的高尔文接任CEO。他是摩托罗拉创始人的孙子。按照他的思想，他认为应该充分授权，完全放手，让高级主管充分发挥能力。

然而在他的领导之下，作为通讯器材界龙头老大的摩托罗拉，经营状况却每况日下，其市场占有率、股票市值、公司获利能力连连下跌。市场占有率跌至13%，远远落后于占35%的诺基亚；股票市值一年内缩水72%；2001年第一季度，摩托罗拉更创下15年来第一次亏损的纪录。之所以造成这种不利局面，主要原因归结于高尔文过于放权。他总是拖延决策时间，不及时纠正下属出现的问题。

有一次，营销主管福洛斯特向高尔文建议，有一家叫麦肯广告的广告代理商业绩不好，应把它的撤换掉。但高尔文个人对麦肯广告的负责人非常信任，所以不答应，表示应该再给对方一次机会。一年后，合作不力的麦肯广告业绩持续低迷，对公司总体发展造成恶劣影响，高尔文才不得不同意撤换掉。

充分授权本是好事，但像高尔文这样放手太过，授权后一切不管不问，发现错误后也不当机立断纠正，根本不能及时掌握公司真正的经营状况，也只会对企业造成巨大损失。

摩托罗拉曾实施了一项卫星通讯铱星计划，执行该计划后，公司平均每年亏损 2 亿美元。但高尔文却迟迟没有叫停，以致差点将摩托罗拉拖入死胡同。

摩托罗拉还曾推出一款叫"鲨鱼"的新型手机。按照惯例，新品上市之前，公司要做严密的市场调查。从调查结果中高尔文发现，欧洲人喜欢简单、轻巧的机型，而鲨鱼体型厚重且价格昂贵。但在讨论会上，高尔文只问了一句："市场调研结果真的表明这个项目可行吗？"行销主管说："是。"高尔文便没有进一步讨论，而同意公司推出这款新手机。结果"鲨鱼"手机在欧洲市场困难重重，节节败退。

还有一次，摩托罗拉公关部门对外宣称，公司在 2000 年将卖出 1 亿部手机。了解市场的基层销售员工都清楚，这一目标根本不可能实现。只有总裁高尔文还不知道这件事，最后当然是失败。

到 2001 年年初，高尔文终于意识到他的管理方法出了严重问题。他担心摩托罗拉的光辉成就断送在他的手上，于是认真思索并着手调整。他重整组织，每周开一次高管会议，改变自己过于放任的管理作风，这才使摩托罗拉从颓势中慢慢扭转过来。

确实，权力的收与放是一对矛盾体，收之过紧则扼杀创造性，放之过松则会造成局面的失控。我们这些做管理者的，不仅要懂得放松，还要懂得怎样去做、放到何种程度。

那么，究竟如何做到既充分授权又不失控制呢？下面几点颇为重要：

一、评价授权风险

每次授权之前，我们都应该评价它的风险。如果可能产生的弊害大大超过可能带来的收益，那就不予授权。如果可能产生的问题是由于我们管理者本身的原因所致，则应主动校正自己的行为。当然，我们也不能一味追求平稳保险，一般来说，任何一项授权的潜在收益都和潜在风险并存，且成正比例，风险越大，收益也越大。

二、命令追踪

有些朋友在授权之后，常常忘记自己发出的指令，而对于已发出的命令进行追踪是确保命令顺利执行的最有效方法之一。

命令追踪的方式有两种：

第一种，我们在发布授权指令后的一定时期，亲自观察命令执行的状况；第二种，我们在发布授权指令的同时与下属商定，命令下达后，下属应当定期呈报命令执行状况的说明。

在进行命令追踪时，我们必须明确追踪的目的在于：

——控制命令是否按原定的计划执行；

——考虑有无足以妨碍命令贯彻的意外情况出现；

——考核下属执行命令的效率；

——反思、检讨本人下达命令的技巧，以便下次改进命令下达的方式。

基于这样的目的，我们在命令的追踪中，应把目光集中于：

——下属所履行任务的质与量；

——工作进度和工作态度；

——下属是否有发挥创造性的余地；

——命令是否是合适的，有无必要对命令本身做出修正，或下达新命令取而代之；

——下属是否确切地了解命令的含义，并按命令的精神完成任务。

三、监督进度

授权使我们的控制发生了微妙的变化。因为授权，我们对工作及局面的控制实际上是退后了，这反而使控制在授权中的地位得以凸显；而且必须使自己的控制技巧更加高明，才不至于使工作陷入失控状态；同时，因为授权，我们得以从具体烦琐的事务性工作中腾出时间来，其中的一部分将被用来命令追踪和监督委派出去的工作，这几乎成为管理者对这些工作负责的唯一有效的形式。

一个优秀的管理者会根据授权，对自己的控制技术做细致的挑选和改造，以适应授权这种特殊的管理形式。照搬一般性的而非授权中的控制技术，往往适得其反。

四、尽量减少反向授权

下属将自己应该完成的工作推给管理者去做，叫作反向授权，或者叫倒授权。发生反向授权的原因一般是：下属不愿冒风险，怕挨批评，缺乏信心，或者由于管理者本身"来者不拒"。除去特殊情况，我们不能允许反向授权。解决反向授权的最好办法是在同下属谈工作时，让其把困难想得多一些、细一些，必要时，我们可以帮助下属提出解决问题的方案。

授权就像放风筝，既要放，又要有线牵。光牵不放，飞不起来；光放不牵，风筝或飞不起来，或飞上天失控，并最终会栽到地上。只有依风顺势边放边牵，放牵得当，才能放得高、放得持久。风筝线的韧性足够好，才可能随时将风筝收回，否则，不是放出去了收不回来，就是收回来后又不敢再放出去，放风筝的乐趣全无。所以，我们在下放权力的过程中一定要有一条可靠的"风筝线"，这条"线"就是足够的控制力，不要超出了自己力所能及的控制范围，要使授权与合理监控结合起来。

第三节 部分权力必掌控，以免他拥兵自重

授权既不能过轻，也不能过重。过轻，达不到充分激发下属积极性的目的；过重，就会大权旁落，出现难以收拾的局面。

从古至今，那些强势的君王、领导者都不会让下属权力过大。为什么？因为如果部下权力过重，难免会拥"兵"自重，这无论是对管理者本身还是对整个国家、团队来说，都是一个非常大的隐患。一旦权力过重的部下起了二心，必将后患无穷。

打个简单的比方，一个乐队的指挥如果把指挥棒交给他人，节奏就会被打乱，合奏就会演砸，因为指挥棒是乐手们关注的焦点，是指挥家引导音乐走向的关键。作为一个领导者，我们就是一个"乐队指挥"，而职责所赋予我们的权力便是一根指挥棒。指挥棒拿不稳，或被手下人侵夺，我们就不能稳定地操纵局面。

有这样一位朋友，他是一家企业的老总，这位朋友对业务部经理的能力很是倚重，不但业务部人员的安排、业务开展等事完全交给他决策，而且有关企业营销战略的重大问题也基本由此人说了算。长此

以往，此人拥"兵"自重，后来带领全部业务骨干另创新企业，把原企业的客户一股脑带了过去不说，整个营销模式完全套用原企业的。一个好端端的企业一下子成了空架子。大家看，这不就是过分放任的苦果？

我们这里还有一个古代的例子，说的是刘邦的中央集权手段，大家一起去看一下。

西汉王朝建立前后，刘邦分封了一些非刘姓的异姓诸侯王，巩固专制主义中央集权。当时的异姓诸侯王共有7个，即楚王韩信、梁王彭越、淮南王英布、赵王张耳、燕王臧荼（后为卢绾接替）、长沙王吴芮和韩王信。其中除吴芮和韩王信外，前面5人皆在楚汉战争中协助刘邦立下了汗马功劳。

西汉初年，社会经济凋敝，封建统治秩序尚待重建，高祖不得不暂时维持现状。但他对日益膨胀的异姓王势力时刻保持着高度的警惕，并且早已采取动作。垓下之战结束后，刘邦立即夺取韩信的兵权，将他由齐王徙为楚王，都下邳。

汉高祖五年（前202年）七月，张耳病死。不久，燕王臧荼谋反，刘邦亲自领兵镇压。剩下的五人中，楚王韩信、梁王彭越、淮南王英布对西汉王朝的建立立功最大，且都手握重兵，这成为汉高祖的心腹之患。在吕后的协助下，刘邦采取强硬的对策，一一剪除了几位异姓王。

高祖六年（前201年），高祖认为韩王信雄壮勇武，封地颍川北靠近巩县、洛阳，南逼近宛县、叶县，东边则是重镇淮阳。这些都是天下的战略要地，就下诏命韩王信迁移到太原以北地区，以防备抵抗匈奴，建都晋阳，后迁到马邑。这年秋天，匈奴冒顿单于率大军包围马邑，韩王信多次派使者去匈奴求和。高祖派人带兵前往增援，但怀疑韩王信多次私派使者，有背叛汉朝之心，便责备韩王信。韩王信心中恐慌，害怕被杀，索性投降匈奴，并与匈奴约定好共同攻打汉朝。次年，刘邦亲自领兵征讨，韩王信逃入匈奴，后来与匈奴联兵侵扰边郡，被汉军杀死。

项羽的败将钟离昧，素与韩信交好，投了韩信。刘邦和钟离昧有仇，得知钟离昧在楚，要韩信抓他，命韩信交出钟离昧。可韩信拒绝了。韩信刚到楚地时，出入都有重兵保护，仪仗威严，这更让高祖疑心。汉高祖采用陈平的计策，借口去南方的大湖云梦泽游览，实际上是要收拾韩信。他乘机逮捕韩信，把他带回洛阳，贬为淮阴侯，并严密地看管起来。刘邦仍不时与他讨论用兵之道。汉高祖十一年，韩信的好友陈豨谋反，韩信做他的内应，次年乘高祖亲自率军讨伐。韩信召集了他的门徒，意图袭击吕后和太子，结果为人告发。吕后在萧何的策划下，将韩信骗至长乐宫钟室处死，并杀光他三族。汉高祖听说这消息后，又喜又哀。

陈豨谋反，汉高祖亲自率兵平叛。他命令梁王彭越发兵增援。彭称病，不愿前往，这引起刘邦的不满。后梁太仆告发彭与其将扈辄意图谋反，高祖于是迅速逮捕了彭越，废黜蜀地。押解途中，彭越遇见吕后，向她哭诉，辩称自己无罪，请求改徙昌邑。吕后口头上假惺惺地答应，却将彭越带到洛阳，对汉高祖说："彭越壮士也，今徙之蜀，此自遗患，不如遂诛之。"于是指使彭越的兵士出面告发彭越谋反，由廷尉审理后夷越宗族。又命人将彭越尸体剁成肉酱，遍赐诸侯，于是更引起了其他异姓王的恐慌。

淮南王英布本来是项羽的部下，与刘邦并无渊源。他见韩信被诛，心中本已不安，收到彭越的"肉醢"后，更是惊恐万状，立即私下集合部队，加强警戒。结果被人告发谋反。汉高祖十一年七月，英布起兵谋反。刘邦发兵征讨，并于次年十月平定淮南。

取代臧荼立为燕王的卢绾，与刘邦的关系最为亲密。因为陈豨谋反的事受到怀疑，刘邦派使者召绾。卢绾称病不行。他对幸臣说的一番话倒很能说明问题："非刘氏而王者，独我与长沙耳。往年汉灭淮阴，诛彭越，皆吕后计，今上病，属任吕后。吕后妇人，专欲以事诛异姓王者及大功臣。"汉高祖得知报告，非常愤怒，认定卢绾谋反。高祖死后，卢绾遂率其众亡入匈奴。

可以说，刘邦在汉初所施行的中央集权制，是顺应了历史发展的客观需要。在秦末汉初风云变幻的错综复杂的政局中，刘邦郡国并行制度作为一个开创性的体制，不但兼顾到当时复杂的政治形式，又放眼于历史进程，使其经受住历史的考验，并被承认是一条可行之路，为其后汉武帝时期"独尊儒术"大一统的中央集权政治奠定了基础，在中国政治史上具有里程碑似的地位。

如今，现代领导学中十分强调合理授权，其实要点全在"合理"二字，因为在中国历史的各朝各代，不管朝廷管理机构如何变更，领导者的风格如何多样，没有一定的授权任何事都办不成，管理机构的运转便没有效率。问题的关键是如何把授权控制在合理的范围内，而对于必须由自己掌握的核心权力是一丝一毫不能放松的，这是个有方无圆的原则问题。

那么，有哪些权力是我们这些管理者必须紧握手中，不可放松的呢？

一、人事任免权。特别是对直接下属和关键岗位的人事任免权，我们必须保留。而且人事方面的决定（评估、晋升或者开除）通常来说，是很敏感的，而且往往难以作决定。

二、关系协调权。我们必须保留对直接下属之间相互关系的协调权。协调下属之间的关系是非常重要的，也是其他下属所不能替代的。

三、机密的事务。分析你的团队中工作的分类和薪资范围，这看上去会花很多时间，这似乎是首先可授权的工作。但由于牵涉到很多的利益，所以应该由我们自己去做，不适合授权。

四、培养直接下属。作为一名管理者，培养你的直接下属不仅有利于你工作的展开，而且也是你的职责。你的下属应该在他们的成长和发展过程中得到你的帮助，他们依赖你的经验、你的判断来辨别对他们成长有帮助的工作。这不是你该授权的工作，虽然你可以从他人那里得到一些帮助，但这是你的职责。

五、危机问题。危机总会不可避免地发生，假如发生危机，我们应亲自坐镇，制定应对方案，很多事都应该亲力亲为，这不是你该授权的时刻。当处于危机的时候，要保证自己在现场起一个领头的作用。这样，有利于稳定人心，避免事态进一步恶化，为解决问题赢得宝贵的时间。

管仲在《七法》有云：重在下，则令不行。意思是说：如果下属权力过大，超出合理范围，国家的政策法令就会难以顺利地贯彻执行。是故，我们这些管理者必须做到心中有数，授权有度，才能拿稳手中的指挥棒，指引团队朝着稳定、健康的方向发展。

第四节　拉帮结派是祸害，务必除之而后快

团队在进行文化建设时必须设立底线，任何人只要胆敢挑战高压线，就只能出局。否则，拉帮结派势力坐大，就会威胁团队生存。

在很多的企业中，员工都有拉帮结派的现象。他们或以来自同一地方为区分标准，或以不同的工作部门为分界线，形成一个个小圈子。这些形形色色的小圈子是企业维持平衡局面的最大绊脚石。

部下拉帮结派，目的无外乎两个：一是形成自己的派系打击其他的同事，积累更大的力量进行内讧；二是经营自己的势力，培植自己的死党对抗领导，伺机取而代之。不论哪一种都会危害整个组织的团结，会威胁我们的权威。所以，我们绝不能容忍小圈子的发展，一定要坚决地把它砸烂！

双星集团总经理汪海在创业过程中就曾遇到过类似问题。我们来看看他是怎样处理的。

当时，企业的组织机构存在严重问题，27 个科室中，能干实事的寥寥无几，且大多效率低下，管理不善，因此，进行机构改革裁减冗员势在必行。

但改革的主张首先受到了来自安全科的挑战。安全科势力很大，一个科室就占用一层楼，科员们个个待遇优厚，其地位之所以如此，

原因在于这里的 20 多个人大多是领导的子弟亲属，后台较硬，被人称为"特殊王国"。对此，其他员工的意见一直很大。

汪海知道安全科很有背景，但如果容忍安全科我行我素，目中无人，那么自己以后的工作将很难开展，其他员工也不会服气。于是他打算拆除安全科的小圈子，彻底击垮这个"特殊王国"。

汪海下令，限安全科于第二天下午 6 点前将其占用的四层楼腾空，搬到指定的三间房子里。他知道这道命令必然会招来安全科强力的抵制。

果然，安全科的诸位特权者连夜开会，商量对策，决定"集体上诉"，到上级部门去告汪海的状。到了第二天中午，他们仍然占住四层，不肯搬迁，与汪海保持着僵持状态。

汪海知道这个小圈子的实力，也知道自己可能会因此而得罪某些上级领导，但为了企业利益，为了自身命令的有效性，他没有退却。

汪海马上召集党组会议，决定如果安全科再不搬迁，就罢免其领导。这一招果真灵验，谁都不愿丢了自己的乌纱帽，科长在即将宣布罢免令的最后一分钟终于屈服，开始搬迁。

从此，来自安全科的阻力被彻底破除了，其他科室在汪海改革之剑的寒光下也不敢再有任何抵制行为，规规矩矩地执行汪海的命令。机构改革的速度不断加快，为企业的生产创造了良好的条件。

毫无疑问，"特殊王国"的能量和影响力是巨大的，汪海若不坚决地拆散它——安全科，那么他日后的管理工作必然会障碍重重。

大体来说，一个固定的"特殊王国"会为我们这些管理者带来如下麻烦：

一、传播流言蜚语，破坏团队气氛。小圈子中人为达到某种目的，经常会道听途说或凭空捏造一些八卦新闻，再加上圈子内集体加工，制造成颇具煽动性的信息向外传播。严重影响团队的团结稳定，影响员工的士气。

二、对抗组织决策，干扰生产经营。商鞅变法的过程是何其艰辛，最后又功败垂成！为什么？不就是因为顽固势力的极力反对。具有一定地位的员工组成的小圈子，为了维护其内部成员的利益，往往会对企业的一些决策强烈抵抗，甚至会采用各种手段，有组织、有计划地搞破坏。

三、增加企业内部矛盾。小圈子成员缺乏大局观及正确的团队意思。为了自身的利益，他们甚至会人为地制造摩擦，增加企业内部矛盾，造成内耗，极大地削减了企业凝聚力。

当然，小圈子的破坏力远不止于此，其对企业造成的负面影响更是不可估量。我们在砸烂小圈子、清除内部团伙势力之时，必然会遇到来自外部和团体自身的抵制和压力，这时，我们绝不能怯懦，亦不可手软，一定要一打到底，不给其留有生存机会，否则复苏后的小圈子势力将更加膨胀。汪海在机构改革中面对"特殊小王国"安全科的抵制并没有退却，而是采取更加有力的措施将其逐渐击破，维护了企业的利益，也树立了自身的权威，这种做法很值得我们学习和借鉴。

我们一定要认识到，"小圈子"中的"小"不是指其能量小、人数少，而是针对它只为少数人谋私利，在组织上排斥大部分人，只注重自己内部的利益，不管全局的利益而言的。有时候，"小"圈子实际上人数众多，其成员大多占据要位，活动能量颇大。我们一旦纵容和漠视小圈子的发展，任其势力膨胀而不加干预的话，那它就会持续扩张，割据一方，搞独立王国，甚至藐视领导，公然向最高管理者挑战。这种势力一旦形成的话，就很难处理小圈子和整个组织之间的从属关系了。小圈子于组织就好像肿瘤之于人体，一旦肿瘤恶性膨胀，就有吞噬整个机体的危险，就会威胁人的生命，所以，我们千万不能容忍和忽视小圈子的存在和扩张。

第五节　为防他喧宾夺主，咱可以敲山震虎

尽管防范再三，下属还是会作出一些越权行为，对此管理者也要个体分析、冷静处理，不应简单地批评和处罚，草率而定。

对于现代管理而言，管理方法并不是一成不变的，有时我们需要施以铁手腕，有时又必须和风细雨、曲径通幽。所以说，我们要"善变"，要懂谋略，要方圆结合，方能使自己立于不败之地。

以铁手腕处理棘手问题、管理下属，可以迅速解决问题、不留后患。但这并不是说天天黑脸铁面，完全无情无义。铁腕在这里首先是态度的坚定果决，但具体的手段大可以温和一点，以敲山震虎的方式

照样可以达到目的。

北宋建立以后，赵匡胤登上了皇帝宝座。但他心中并不踏实，连睡觉都不安生。自己通过陈桥兵变，夺得兵权，才攀上龙座，所以他深知兵权的关键性。也因此他忧惧总有一天手下将领们模仿他的作为，发动兵变篡夺皇权。于是他下定决心把兵权抓在自己手里。

如何达到这个目的呢？赵匡胤没有大动干戈，而是采取了春风化雨的方式，并因此传为历史佳话。

禁军是宋朝中央军队，赵匡胤先后两次对禁军领导班子进行调整，使禁军更加效忠于他，他这才放了心。到了建隆二年（公元961年）的三月，他免去了中央禁军首领慕容延钊的殿前都点检职务，改任为南西道节度使。接着免去韩令坤的侍卫马步军都指挥使职务，改任成德节度使。殿前都点检一职自此废黜，赵匡胤将军队统帅牢牢握在自己手中，实现了皇帝亲握军权的目的。

这一系列动作后，宋朝禁军中，主要的高级将领职位都已为赵匡胤的兄弟、义兄弟和亲信把守。按理说，赵匡胤应该高枕无忧了。

然而赵匡胤没有。他还是认为这样不牢靠，历史上许多弑父屠子、兄弟相残的事件他并非不知道。那些陪自己打下天下的亲兄义弟，如今都手握大权，万一他们拥兵自重，推翻自己的政权岂非易事？

这就有了"杯酒释兵权"的佳话。建隆二年七月的一天晚朝后，赵匡胤在宫中摆了一场酒席，宴请所有禁军高级首领。宴会进行到酒酣耳热之际，赵匡胤朝众臣们叹息道："若不是你们这些人出力扶持，我怎能做这个皇帝。不过我既做皇帝，就要做一个真正的皇帝。可是，做皇帝也真是太难了，自从我当了皇帝，就没有一天能睡上一个安稳觉。"

　　石守信等人听他如此说，大惑不解，忙问："皇上，二李既平，国泰民安，你怎么还睡不着觉呢？"

　　赵匡胤说："纵观历史，多少人守着皇权的诱惑。而今，也不知还有多少人想当皇帝啊。"

　　石守信和其他将领都诚惶诚恐，说："陛下怎么这样说呢？如今天命已定，我等都安心做你的臣子，谁还敢有异心呢？"

　　赵匡胤说："纵使你们不生二心，也难保你们手下的人不贪图富贵。假若有一天，你们的手下也将黄袍披在你们身上，你们就是不想当皇帝，也推辞不掉啊。"

　　听赵匡胤如此说话，石守信及其他将领吓得汗流浃背，统统跪在他面前告饶："臣等愚昧，不解圣意，该怎么做，请皇上指示。"

　　赵匡胤就说："依我之意，你们不如全卸去兵权，去大藩做节度使。置田兴宅，广积产业，饮酒作乐，痛快地过此一生，使我们君臣两下无猜。"

　　石守信和诸位将领都明白了皇帝的意思。第二天，诸将皆称疾不朝，各自上书请求辞去在禁军的职务。于是赵匡胤任命高怀德为归德军节度使，出任宋州；任王审琦为忠正军节度使，出任寿州；任张令铎为镇宁军节度使，出任陈州；任罗彦瓌为彰德军节度使，出任相州；任石守信保留侍卫亲军马步军都指挥使，为天平军节度使，出任郓州。

　　老子说："圣人终不为大，故能成其大。"赵匡胤有这种智慧。释诸将兵权，本是一件很难很大的事，但他从其易，从其细，所以就顺理成章、水到成渠地完成了图难、为大之事。

其实，每个企业都有几个元老或者说是功臣，这些功臣用不好就是一块心病。在我国古代，帝王对待功臣不外乎三种态度：

1. 为防功高害主，杀之——如朱元璋火烧庆功楼；

2. 不忘旧情，又宠又敬，直至宠成祸害，危及自己——如隋炀帝对宇文化及；

3. 有效管理，恩威并施，令其忠心不贰、甘受驱使，永立新功。

很显然，第三种方法正是现代管理者所值得借鉴的，由此我们为大家列举了一些有效驾驭功臣的策略，希望会对您有所帮助：

一、敲山震虎

亦可说"指桑骂槐"。即，当功臣犯错时，不去直接批评他本人，而是借用历史教训或典故，对其晓以利害，在尽量不伤及彼此情感的前提下，起到敲山震虎的作用。但切记：虽是委婉，理定要说透，让他认识到自己的错误；"虎"要震住，要抓住对方的要害。这样敲山，才能震得住"猛虎"。

二、恩威并重

即便是在惩罚之时，也要体现出自己对于下属的爱护和关心，要让下属意识到，自己之所以受到处罚，完全是上司的诚意挽救。这就要求我们需要做到：严中有爱，罚不失恩，把握好惩罚的时机与尺度，并及时做好善后工作。

三、先责后抚

这是对善后工作的强调。功臣犯错时，我们既要敢于责斥，又要及时做好善后工作，不仅要讲道理，更要讲感情，"使批评达到自我批评的目的"。

四、幽默批评

所谓幽默批评，即当功臣犯错时，我们运用巧妙的艺术、幽默的语言，委婉地对他的错误提出批评，使批评在风趣的气氛中进行，促使功臣自动自觉地改正错误。

总而言之，我们消除隐患的态度应该是坚决的，这是方之道；达到目的的手段则应该是灵活的，这是圆之道。赵匡胤的做法既去掉了心头之患，巩固了皇权，不动声色，又不费力气，没有引起较大的动荡。看来，"敲山震虎"这一招实在是对领导之道中面方手圆策略的妙用。

第六节　抓住要害做文章，让狂人不再嚣张

像孙悟空这样同时具有惊人创造力与惊人破坏力的"不安分员工"，既然舍不得不用他，那么如何"降伏"他？这是每位领导者不得不考虑的重要问题。

一个组织中，我们常会碰到这样一些人，他们自恃有某些方面专长和能力，待人接物狂傲不羁，看不起同事，不尊重领导，遇到

问题自以为是。对于这样的人，管得好可以成事，管不好也足以败事。

狂傲者往往自命不凡，以为自己是旷世之才，前无古人后无来者。如果一个下属狂妄到了这种地步，那真是叫我们这些管理者头痛。那么，对于这些人，我们该怎么管？其实也很简单，我们首先应对其性格、特性有一个基本的了解，然后对症下药，就能将他们管得服服帖帖。

著名古典神话小说《西游记》中有这样一段：

孙悟空刚从五行山下解放出来，野性难驯，屡犯杀戒，甚至对唐三藏也不恭不敬。唐三藏对他无可奈何，欲放弃此徒，独自西行。悟空乐得逍遥，跑去找龙王消遣。

在师徒暂别的这段时间，观音菩萨显身，送给唐三藏一定花帽，内藏紧箍咒，并面授机宜。

悟空听龙王劝告，回到唐三藏身边，眼见花帽喜欢得不得了，拿起便往头上戴。三藏见悟空戴上紧箍咒，遂依照菩萨的吩咐，念起紧箍咒语。悟空头疼欲裂，打滚求饶。

此后，悟空再不敢轻易撒泼。

孙悟空称得上第一狂猴吧！但就是这样神通广大、狂傲不驯"大圣"，在唐三藏面前还不是乖乖听命。原因很简单，观音和唐僧吃准了孙悟空急躁又喜好新鲜的秉性，借机下套，按住了他的"死穴"。此手法，就很值得大家借鉴。

其实，大凡狂傲不驯者不外乎如下特性：

一、自命不凡，过于高估自己。认为自己非常了不起，别人都不如自己，认为在公司里"舍我其谁"，平常待人态度冷漠、傲慢，说话常常硬中带刺，喜欢我行我素，对别人的建议不屑一顾，极其自信或说是自负。

二、好高骛远、眼高手低，即使自己做不来的事，也不愿交给别人去做。

三、性格古怪，不易相处。因为自我感觉太良好，他们不屑于与周围人交往，而他们不友善的态度，也让周围人不喜欢和跟他交往。

与这种下属相处，我们在掌握了他们的心理后，就要有的放矢，采取有效的方法来和他们接触。

一、用其所长，切忌压制打击或排挤。恃才狂傲之人，大都有一技之长。因此，我们在看到他不好的一面时，一定要有耐心与他相处，要视其所长而予以重用，绝不能因一时看不惯，就采取压制的办法，把他搁在一边不予重用。否则，只会让其产生一种越压越不服气的逆反心理，在需要用他的时候，他就可能故意拆你的台。我们碰到这种人，就要想想刘备为求人才"三顾茅庐"的故事，毕竟你是为整个企业的利益，而不是为你个人的利益在求他。因此，在这种人面前即使屈尊也不算掉价。

二、有意用短，善于挫其傲气。狂傲之人虽然的确在某些方面、某个领域才能出众，但仍旧难免存在不足和缺陷。我们应该让他们认识到自己的不足，看到别人也有他没法替代的优势，让他学会自我反省，稍微挫伤他的傲气。

比如，安排一两项重大的、估计超出他能力的工作让他做，并故意在他面前摆出姿态：尽力做就行，做不好也没关系。如果他在规定的时间内完不成，继续安慰他，这会让一向骄傲的他们意识到自己的不足，认识到自己不应该那么狂妄，并从此改正。

狂妄之人，喜欢信口开河，夸下海口，说自己没有不会的。而其实他所擅长的顶多是一两个方面。当发现他说过类似不负责任的话后，作为他上司的你不妨利用此时机，立即给他指派一项是他不擅长领域的任务，并告诉他这项工作全公司人都做不来，肯定只有他行。到时他会不出预料遭到失败。然后，同事肯定会嘲讽他，令他难堪，这时作为上司的你去安慰他，当然，不要让他察觉出你是故意让他出丑。这样一来，他就会变得服帖。虽然他不可能彻底改掉狂傲的脾气，但你以后使用这种人时就顺手得多。

三、敢承担责任，以大度容他。恃才狂傲的人总认为自己了不起，做什么事都显得漫不经心，以表现出自己是多么有水平，随便就可以把一件工作做好。所以，常常会因这种思想而把交给他的事情办坏。这时候，作为上司切不可落井下石，一推了之。相反，要勇敢地站出来替他承担责任，帮他分析错误的原因。这样，他日后在你面前就不会傲慢无礼了，他会用才能来帮助你工作。

对待狂傲者不能示弱，也不能一味逞强，要以足够的管人智慧找到让他俯首听命的有效方法。在这里，方与圆的真义得到了极深刻的体现。我们需要慢慢琢磨，因事制宜，因人制策。

第七节　将魅力用到极致，让下属不再敌视

能使下属全部敬服的管理者，才可以称之为高明的团队领袖。

对于管理者而言，他的支持者越多，工作开展起来就越顺利。但不可否认的是，没有人会得到下属百分百的支持。反对者的存在并不可怕，高明的管理者会以打拉结合的技巧去驾驭反对者，并尽可能地把反对者变成自己的拥护者。

林肯竞选总统时，有次在参议院发表演说。一位跟他持不同政见的参议员当众羞辱他道："林肯先生，在你开始演讲之前，我希望你记住自己是个鞋匠的儿子。"

"我的父亲早就过世了，我非常感谢你的提醒使我想起了他。我一定记住你的忠告，我知道我当总统无法像我父亲做鞋匠那样做得好。"林肯面不改色，平静地说。

整个参议院陷入了一片沉默。

林肯继续对那个傲慢的议员说："据我所知，我的父亲以前也为你的家人做过鞋子。如果你的鞋子不合脚，我可以帮你修改。虽然我不是伟大的鞋匠，但我从小就跟我的父亲学会了做鞋子的技术。"然后，他又对所有的参议员说："对参议院的任何人都一样，如果你们

穿的那双鞋是我父亲做的，而它们需要修理或改善，我一定尽可能地帮忙。但有一点可以肯定，他的手艺是无人能比的。"

说到这里，现场所有人给予了真诚的掌声。

后来有人批评林肯总统："你为什么总试图让政敌变成朋友呢？你应该想办法打击他们，消灭他们才对。"

"我们难道不是在消灭政敌吗？当我们成为朋友时，敌人就不存在了。"林肯总统温和地说。这就是林肯总统消灭政敌的方法，将敌人变成朋友。

林肯的高尚人格几乎征服了所有美国人，他曾两度被选为美国总统。

毫无疑问，林肯正是用他的机智与敏锐、宽容与大度征服了参议员，同时又征服了无数的美国人，让那些曾经反对他的人都变成了自己的朋友，这也正是林肯总统的伟大之处。

当然，我们若想将对手真正地变成朋友，仅靠宽容是远远不够的，至少我们还要做到以下几点：

一、虚怀纳谏，勇担己过。一个管理者必须具备虚怀若谷的心胸、容纳诤言的雅量。遇到下属反对自己的事，要扪心自问，检讨自己的错误，并且在自己的反对者面前勇敢地承认。这不但不会失去威信，反而会提高权威。对方也会因为你的认错更加尊重你而与你合作。千万不可居高临下，压服别人，一味指责对方过错，从不承认自己不对。即使心里承认但口头上却拒不承认，怕失面子，这是不可取的，也是反对者最不能接受的。

二、弄清原因，对症下药。反对者反对自己的原因是多种多样的，只有弄清楚，方能对症下药。有的是思想认识问题，一时转不过弯来。对于这种反对者切不可操之过急，而应多做说服工作。实在相持不下，一时难以统一，不妨说一句：还是等实践来下结论吧！有的下属反对管理者是因为管理者的思想或工作方法欠妥，脱离实际；或处事不公，失之偏颇。对于这种反对者，我们最好的处理方法就是从善如流，在以后的行动中自觉纠正。还有的反对者则是因为其个人目的未达到，或自己坚持原则得罪过他。对于这种人，我们一方面要团结他，另一方面要旗帜鲜明地指出他的问题，给予严肃的批评与教育，切不可拿原则做交易，求得一时的安宁与和气。总之，我们要冷静地分析反对者反对自己的原因，做到有的放矢，对症下药。

三、不计前嫌，处事公道。这是一个正直、成熟的管理者的基本素质，也是取得下属拥护和爱戴的重要一条。反对者最担心、最痛恨的是管理者挟私报复、处事不公。我们必须懂得和了解反对者这一心理，对拥护和反对自己的人要一视同仁，切不可因亲而赏，因疏而罚，搞那套"顺我者昌，逆我者亡"的封建官场作风。只有这样，反对者才能消除积虑和成见，与你走到一条道上来。

四、严于律己，宽以待人。一个群体内部有亲疏之分，领导者与被领导者之间也是如此，无论你承认与否，这是不可否认的一个客观存在。因为在一个单位中总有一部分同事由于思想、性情、志趣与自己接近，容易产生共鸣，获得好感、赢得信任，这种亲近关系常会无意中流露出来。而那些经常反对自己的人，在一般人看来是不讨领导喜欢的，无疑与领导的关系是"疏"的。一个领导者与被领导者之间的"亲疏"，是下属最为敏感的问题。如果一个管理者对亲近自己的人关爱有加、袒护包容，而对疏远者冷落淡漠、苛刻刁难，那么团体内部必然产生分裂，滋生派性。正确的方法应该是亲者从严，疏者从宽。也就是说，对亲近者我们要要求从严，而对疏远者我们则要适当宽容一点。这样可以使反对自己的人达到心理平衡，迅速消除彼此间的隔阂和对立情绪。

另外，我们应学会关怀下属，情理并重。下属总有自身难解决的问题，需要我们去协调、去解决。作为管理者，我们理应关心他们的疾苦，绝不可袖手旁观，置之不理，尤其是要主动帮助那些平常反对过自己的人（这是沟通思想的好机会）。只要符合条件、符合政策，就应毫不犹豫地帮助他们解决实际问题。哪怕一时没办到，但只要你尽了力，他们也会铭记在心，备受感动。只要你付出真情，自然会得到回报，他们就会变反对为支持。那么，你所领导的群体就一定会出现众志成城、生机勃勃的局面。

第九讲　互动篇

精华论点：

戴尔·卡耐基：沟通如同呼吸一样，是一个人生存所不可或缺的。无论何时，管理者应将沟通视为重要工作，职位越高，沟通越重要。

开篇语：

管理是通过他人获得成功的艺术。我们的任务不是告诉，更不是命令，而是通过有效的措施与员工达成一定的和谐关系，从而为团队内部管理和效率提升创造一种有益的氛围。事实上，我们在令员工感到舒服的同时，自己也就成了最大受益者。

第一节 切不要先入为主，需客观了解下属

在上下级的关系中，倘若管理者能够对被管理者形成一个客观、全面的了解，那么管理就会变得轻松很多。

在现实生活中，我们却常常受到某种心理的影响。例如，我们在与某人交往，对方给我们留下的第一印象很好，我们就会觉得对方不错，会将对方的优点不断放大，而忽略对方存在的缺点。这就像是我们站在一个固定的角度去看一件事物，从我们所看到的去推断它的整体，用成语形容就是"一叶障目，不见泰山"。

我们这些管理者也是人，在评判和选择人才时也难免犯这样的错误。比如仅凭第一印象便对某人做出判断或决定，从而难以真正地做到对部属有一个客观、公平并全面的认识。如此一来，必定会给管理工作带来影响，让我们难以真正地发现人才，导致很难发挥下属员工的特长，造成人不能尽其用。

事实上，自古至今，在管理上所出现的问题，最基本的原因在于管理者没能对属于自己团体中的人员有一个全面、客观的认识和了解。我们都知道：管理，简单来说，就是管人理事，事是人做出来的，归根结底还在于管人。

试想一下，如果我们对于自己的部属都不怎么了解，又怎能管理

好他们呢？这就像是我们知道电脑对我们的生活以及工作有着莫大的帮助，可是我们却不知道电脑到底能有什么样的性能，拿它到底能做些什么，又怎么能用它来方便我们的工作、生活呢？

　　要管好一个团体、一家企业，毫无疑问就要对身在其中的人有一个公正、客观的认知。而要做到这一点，首先要做的就是打破识人时的光环效应。我们只有从光环效应中走出来，才能全面、客观地认识和了解部属，才能发现需要的人才，并且运用好人才，促使自我的事业更为兴旺。纵观现今称雄于世界的各大企业，无论是微软，还是通用，它们之所以能够取得今日的辉煌，很大一部分的原因，就在于它们的管理者，在识人用人时，做到了全面、客观、公正，而不会受到光环效应的影响。其中，松下电器王国的缔造者，被誉为日本经营之神的松下幸之助就是个高手。

　　山下俊彦起初只是一名普通的员工，但松下幸之助拥有一双独到的慧眼，并一直关心和尊重下属。一段时间的观察后，他看出山下俊彦具有出众才能，认为他是松下家庭中根本找不到的杰出人才。山下俊彦在工作中对公司内部因循守旧等弊端看得准，锐意改革，成绩卓著。当时，松下公司里面凡是要职都被松下家族中的人所把守。山下俊彦是外人，而且出身很低微，但松下幸之助不计较这些。在山下俊彦 39 岁时，松下幸之助力排众议，破格提升他为松下分公司部长，后来连续提拔他担任要职并委任他为公司董事。山下俊彦不负众望，真的成为整个公司中最优秀的"将才"。

　　山下俊彦年富力强之时，在松下公司所有董事中仅名列第 25 位，松下幸之助再次将他直接提升为总经理。山下俊彦就任总经理后，迅速扭转了公司在市场上的不利局面，领导松下电器渡过了难关，并使其更加壮大起来。

正因为松下幸之助具有杰出的识人眼力和独到的用人思维，才使企业不断发展壮大。如果，松下幸之助没能走出光环效应的影响，他又怎么会去注意一名既不属于自己家族，又只是一名普通职员的山下俊彦呢？就更不会将山下俊彦破格提拔为总经理！

我们应该多向松下先生学习，或许我们做不到他那般优秀，但至少我们应该做到：

一、走出自我，以客观态度看待人才。我们若总是以自我为中心，以自己的好恶来评价人才，那明显是不客观、不公正、不科学的。

一些朋友在选人、用人时，常常不由自主地挑选那些和自己类似的人。譬如，性格耿直的管理者常选拔性格耿直的人；性格内向、作风沉稳的管理者却认为性格内向、作风沉稳的人最能干、最值得信赖。这样做的结果会怎样呢？实际上，长此下去，管理层的年龄结构、知识结构、气质结构、专业结构会很不合理，直接影响管理效能的提升。

二、不要先入为主，以固有的思维、观念来评判下属。在很多时候，我们会受到早就存在并被人接受以及认可的看法以及观点。这种看法和观点对我们评定下属是不是人才，以及安排相应的工作影响较大，如果不能够消除脑海中的这种固有的思维和观念，带着这样的成见去看下属，往往会使得人才与我们擦肩而过。

三、把人才放在实际的工作中去检验。无论我们有多么睿智，要对所属团体的人有一个全面的认识，最好的办法就是让他们去做一些实际的工作，让他们在工作中将自我的品性以及能力的优缺点自然而然地表现出来。这就像是日常生活中我们在使用某一机器时，仅仅看产品介绍和说明书，不去实际使用，是很难真正地知晓其功能以及如何安全、科学地运用一般。

　　总而言之，我们在挑选下属、给下属安排相应的工作任务时，必须对他们有一个客观、公正的了解，千万不要以自我的思维和意识对他们做推测性的判断。若是这样，那我们就绝不能称之为合格的领导。

第二节　深入到群众中间，与下属打成一片

中国讲究的是人情，请把办公室带出点人情味来。

　　现代管理并不认同领导者冷若冰霜、高高在上的做法，因为只有"上下相得"才能"上下一心"。是故我们更提倡管理者走到员工中去，了解他们的所思所想、所欲所求、所苦所难，这样，管理者才能对下属有一个较为客观、全面的了解，同时也能够为团结员工、更好地统御员工做好基础工作。

　　亚圣孟子曾说："人之相识，贵在相知；人之相知，贵在知心。"一个领导者，如果总是把自己的内心世界封闭起来，员工从来不知道他想什么，听不到他一句心里话，那他同谁也交不上朋友。只有向员工敞开心扉，把心交给员工，同员工心心相印，无话不谈，员工才能信任他、亲近他，也才能对他交心。我们这些做领导的，可以把团队

面临的形势、工作上的打算、遇到的困难和自己的苦衷，诚恳坦率地告诉员工，让大家帮助出主意、想办法，工作就会做得更好。我们不能搞"民可使由之，不可使知之"那一套，那是"愚民政策"，同当代的领导原则是格格不入的。

在现代管理中，管理者要想做好工作，必须与下属打成一片，建立起和谐融洽的关系。如果我们把自己放在高不可攀的位置上，制造一种神秘感，让下属仰首而视，敬而远之，上级与下级油水分离，下级对上级俯首听命，这样是绝对干不好工作的。只有关系融洽了，下属才可能更积极主动，把工作做得更好。

有这样一位朋友，他就经常不在办公室里，一有时间就到员工中去，今天这个车间，明天那个科室。员工称他为"游击司令"。这个"司令"的脑子里有一部员工的活档案：谁的家庭情况怎样，工作有什么特点，经常闹什么情绪，甚至脾气、兴趣如何，他都一清二楚，与工人谈起话来十分亲切投机，员工有什么心里话都愿意对他讲。假如他高高在上，员工几个月也见不到一次面，就不会有这样水乳交融的场面。

这位朋友的做法很值得我们学习。其实，每一个人都希望有人关心，尤其希望得到领导者的关心。有时一句亲切的问候，一番安慰的话语，立刻会使他感到心里热乎乎的，增添了无穷的力量。当一个人思想上有什么疙瘩，生活上有什么困难，工作上遇到什么挫折时，他都希望领导者给予帮助和体贴。而在感受了领导者的关心之后，他很自然地就会想到：领导这样关心自己，自己还有什么理由不好好工作呢？

此外，员工寄希望于领导者的，不只是对个人生活的关心，还希望领导能广开言路，倾听和采纳自己的意见与建议。如果一个企业员工有这样的反映："领导者不让我们讲话""我们只有干活的义务，没有说话的权利"那就糟了。所以我们应当注意：

一、在制订计划、布置工作时，不要只是领导单方面发号施令，而应当让大家充分讨论，发表意见。

二、在平时，要创造一些条件，开辟一些渠道，让大家把要说的话说出来。如果不给员工发表意见的机会，久而久之，他们就会感到不被重视，抑郁寡欢，工作也感到索然无味，丧失主观能动性，有的人甚至会发作，产生一些矛盾。

三、我们不仅要通过各种方式主动征求意见，搜集看法，还要从制度和措施上鼓励大家献计献策，正确的及时采纳，突出的给予奖励。如果下属煞费苦心提出的宝贵建议，我们根本不认真对待，这就会严重挫伤大家的积极性，以后也就不会再有人那样热心了。

有人说，在新时期不提倡"领导手上要有同工人一样多的老茧，身上有一样多的泥巴"。这话有一定的道理。但是，如果据此而得出结论，说领导者就不需要深入基层，不需要与员工同甘共苦，那就错了。特别是在一些危急时刻、关键场合，领导者应当出现在那里，带领大家奋战，这样才能与员工建立起生死与共、祸福同当的深厚感情。

第三节 团队分歧免不了，科学协调要做好

矛盾太少，团队了无生气；矛盾太多，必伤元气。最成功的领导者首先是能调和矛盾的人。

作为管理者，我们有责任为员工营造良好的工作氛围，使他们能够愉快、高效地进行工作。但事情往往就存在着不尽如人意之处，公司毕竟是一个"十八路诸侯"汇聚的地方，而有人群的地方就会有区别，有区别自然就会产生矛盾乃至冲突，下属之间存在意见分歧是不可避免的。

当然，作为领导，没有谁愿意看到下属之间闹矛盾。都是你的左右手，伤害谁或得罪谁都不好。况且矛盾若没有处理好，让下属觉得我们办事不公平，不但会降低我们的威信，还会影响整个部门的工作效率。而如果事情闹大，连高层都惊动了，那么你的领导地位便可能受到严重的挑战。

既然矛盾的存在不以人的意志为转移，那么我们就必须接受这个事实，学会调节下属之间的矛盾。有时，虽然只是一两个人之间的问题，却极有可能令整个团队的氛围遭到破坏，从而影响团队的整体运作。所以我们不应对下属之间的矛盾视而不见，任其恶化。就像康熙皇帝曾为大臣之间的窝里斗问题烦扰不已，祖母孝庄太后劝诫他：

"你不要指望他们之间消除矛盾，那是不可能的。你只能将这个局面控制在你可以控制的范围，不让它继续扩大，不至于到不可收拾的地步，不至于影响江山社稷。"

所以，当你的下属经常发生矛盾时，你绝对有必要弄清这争吵的本质——是友好的争论还是升级版的横眉冷对；是解闷逗趣的玩笑式嘲讽还是夹枪带棒的相互中伤？如果是后者，而且这种问题已然涉及多名下属，那么你就必须以中间人的身份出现，巧妙地将其解决掉。

在这方面，诸葛亮做的就非常到位。

建安十九年（214年），刘备在夺取益州过程中，收降了马超，自领益州牧后，拜马超为平西将军。关羽因马超并非旧友，又闻说马超勇武，心中不服，便写信给诸葛亮，问道："超人才可比谁类？"意要入川与马超比试武艺。刘备惶恐，怕两虎相争有一损伤。诸葛亮运筹帷幄，写了一封回信，让费诗带给关羽，信中说道："孟起（马超字孟起）兼资文武，雄烈过人，一世之杰，黥（黥布即英布）、彭（彭越）之徒，当与益德（张飞字益德）并驱争先，犹未及髯之绝伦逸群也。"关羽得信，大悦，将其拿给宾客传看。

建安二十四年（219年）七月，黄忠定军山斩曹军名将夏侯渊，因功升为征西将军。同年刘备进位汉中王，任命关羽、张飞、赵云、马超、黄忠五虎大将。诸葛亮对刘备说："忠之名望，素非关、马之伦也，而今便令同列。马、张在近，亲见其功，尚可喻指；关遥闻之，恐必不悦，得无不可乎？"刘备说："孤自当解之。"并派益州前部司马费诗去给关羽送印绶。

当费诗带着官印到荆州准备授予他时，关羽竟然怒曰："翼德吾弟也；孟起世代名家；子龙久随吾兄，即吾弟也；位与吾相并，可也。

黄忠何等人，敢与吾同列？大丈夫终不与老卒为伍！"遂不肯受印。

费诗对关羽说："夫立王业者，所用非一。昔萧（萧何）、曹（曹参）与高皇帝（刘邦）少小亲旧，而陈（陈平）、韩（韩信）亡命后主，论其班列，韩最居上，未闻萧、曹以此为怨。今以一时之功隆崇于汉升，然意之轻重，宁当与君侯齐乎？且王与君侯，譬犹一体，同休等戚，祸福共之，愚为君侯不宜计官号之高下、爵禄之多少为意也。仆一介之使，衔命之人，君侯不受拜，如是便还，但相为惜此举动，恐有后悔耳。"关羽大为感悟，遂拜受印绶。

诸葛亮、费诗何以仅用寥寥数语，便将傲气正盛的关羽说得和颜悦色？原因很简单，他们了解关羽的秉性——傲慢，对于这种人，你只要给他足够的台阶，然后晓之以理、动之以情，他们多半是会乖乖就范的。

在处理下属之间的矛盾时，我们这些领导者首先要掌握的一个原则就是一碗水端平，必须客观公正，不偏不倚，不能借机打击报复。只有我们的角色定位准了，接着通过一些策略和技巧，才可以较好地化解下属之间的矛盾。只要圆场有术，那么世上就没有劝不开的架、没有解不开的死疙瘩。那么，我们在化解下属矛盾的过程中有哪些策略可以借鉴呢？

一、要保持中立、客观。不要假设某一方是错的，而是要倾听双方的意见。最好的办法是让冲突的双方自己解决问题，而我们担任调停者的角色。可以单独会见一方，也可以双方一起会见。但不管采用什么方式，应该让双方明白：矛盾总会得到解决。

二、区别事实与假设。消除任何感情因素，集中精力进行研究，深入调查、发现事实，这有助于找到冲突的根源。能否找到冲突的根源是解决冲突的关键。

三、求大同，存小异。应该用肯定的调子开始会谈，指出双方有许多重要的共同点，并与双方一起讨论一致之处。然后指出，如果双方的冲突能得到解决，无论是个人、部门，还是整个公司，都可以避免不必要的损失。还可以恰到好处地指出，他们的冲突可能会影响到公司的形象。

四、要善于倾听不同意见。在了解所有的相关情况之前不要插话和提建议。先让别人讲话，他们的冲突是起因于某一具体的事件，还是仅仅因为感情合不来？

五、记住自己的目标是寻找解决方法，而不是指责某一个人。指责即使是正确的，也会使下属心生反感，结果反而使他们不肯妥协。

六、不要用解雇来威胁人。除非真的打算解雇某人，否则，说过头的威胁语言只会妨碍调解。如果威胁了，然后又没有付诸实施，就会失去信用，人们再也不会认真看待我们所说的话。只有在感到智穷力竭时，才可以用调动工作的方法把双方隔开。但最好还是把调动工作留做最后的一招。

能否果断直接地处理冲突，直接体现了作为管理者的我们是否尽到了责任。积极地处理会使我们向员工发出明确的信号：不会容忍冲突——但是愿意做出努力，解决任何问题。

第四节　给人说话的权利，让沟通没有阻力

管理者的最基本功能是发展与维系一个畅通的沟通管道。

人们总是要通过一定的渠道和方式来交流信息，沟通思想，协调行动。如果沟通渠道堵塞、互不通气，就会造成了解情况上的片面性，"听风就是雨"，引起认识上的偏见和感情上的隔阂。甚至有时，信息传递失真，也会产生误解和歧视，引起冲突。例如，在一个企业中，往往由于信息渠道的不畅，设计、供应、生产、销售几个部门就常常在工作上发生冲突。在工作的完成过程中，如果遇到与他人交流上的困难，工作的完成就会遇到更多的困难。

我们要实现与员工之间真正良好的沟通，就必须在细节上下工夫，克服沟通中的种种障碍。那么，沟通的障碍主要来自哪几个方面呢？我们来看一下：

一、过滤。过滤指信息发送者有意操纵信息，使信息显得对接收者更为有利。比如：一名员工告诉上级的信息都是上级想听到的东西，这名员工就是在过滤信息。这种现象在组织中经常发生，当信息向上传递给高层管理人员时，员工常常压缩或整合这些信息以使上级不会因此而负担过重。在进行整合时，个人的兴趣和自己对重要内容的认识也加入进去，因而导致了过滤。

二、情绪。在接收信息时，接收者的情绪也会影响到他对信息的解释。不同的情绪感受会使个体对同一信息的解释截然不同。极端的情绪体验，如狂喜或悲痛，都可能阻碍有效的沟通。这种状态常常使我们无法进行客观而理性的思维活动，代之以情绪性的判断。

三、语言。同样的词汇对不同的人来说有时含义是不一样的。词汇的意义不存在于词汇中，而存在于使用者中。年龄、教育和文化背景是 3 个最主要因素，它们影响着一个人的语言风格。在一个组织中，员工常常有不同的背景，有着不同的语言表达方式。另外，部门的分化使得专业人员发展了各自的行话和技术用语。你我可能同说一种语言，但我们在语言的使用上却并不一致。

四、文化。一个组织内其成员之间文化水平比较接近，信息沟通就容易进行；相反，文化水平相差较大，信息沟通就相对困难。组织是靠信息沟通、协调和组织全体成员的力量来实现组织目标的。如果部属文化水平低，则管理者将难以同他们进行有效的信息沟通，步调就难以保持一致，妨碍组织工作效率的提高。例如，组织目标的宣传、工作的分配、工作措施的落实、技术改造等，都需要与部属进行沟通。但如果部属文化水平较低，上述这些工作就不易得到部属的了解、赞同和支持，由此造成组织内信息沟通出现障碍。

五、地位。组织是一个多层次的结构，因此，企业中一个普通部属可能常与同事、主管进行交流，因不能经常接触也能造成交流障碍，但不一定是地位原因。一般来说，组织规模越大、成员越多，处于中层地位的人员相互交流次数增加，而上下层地位的人员相互交流次数相应减少。尤其是企业管理者，常常因为自恃高明、目中无人、听不得不同意见、独断专行等，容易阻塞上下信息的交流渠道。从部属的角度来说，他们怕得罪顶头上司或害怕受到处罚，有问题往往不反映，或报喜不报忧，造成信息虚假，影响企业健康发展。

六、空间距离。对信息交流及其效果有很大影响。一般来说，双方面对面地进行交流，有利于把复杂问题搞清楚，提高交流效果。如果交流双方距离太远，接触机会少，只能进行间接交流，那就很难把问题搞清楚，使双方都明白。在组织中，高层管理者与第一线工作的员工之间、不同部门员工之间存在着空间距离的远近，空间距离造成了信息交流的障碍，使他们接触和交流的机会减少，即使有机会接触和交流，时间也十分短暂，不足以进行有效交流。

为了解决或避免文化水平的差异所造成的信息沟通障碍，我们在选拔部属时，对文化程度应该有一定的要求，对在职员工进行多种形式的培训或鼓励他们自学文化知识等来提高其文化水平。尽量使交流的内容适合对方的思想水平和文化水平，使之充分了解交流的内容。

为了解决由空间距离较远而产生的交流障碍问题，我们应鼓励成立和发展俱乐部、兴趣小组，通过各种有益活动，缩短成员之间的空间距离，增加接触和交往机会，促进部属之间的信息交流。

此外，团队要精简机构，减少交流层次，建立健全交流网络；管理者要尽可能地同下级和普通部属进行直接交流，使信息传递渠道畅通。

了解了沟通中可能存在的障碍后，再仔细回想你和员工上一次谈话的情形：在听员工说话时，你在做什么？是仔细聆听，还是听而不闻？在对员工说话时，他们在做什么？是听得津津有味，还是昏昏欲睡？管理者和员工沟通时的小细节，会影响到员工对管理者、对企业以及工作的想法。

通常，员工会从管理者和他们的沟通中寻找蛛丝马迹。他们很注意管理者说了什么，以及没说什么。他们也很在意管理者的聆听能力，以及他们关心员工的程度。如果我们疏忽了一些小细节，会成为和员工沟通的致命伤。员工和我们有良好的沟通时，他们会比较乐于工作，而且生产效率也会比较高。所以，我们切不要把沟通当小事。

第五节　不要拒人于千里，用倾听拉近距离

一个企业倘若沟通不畅，久而久之企业的血管就会堵塞，企业就会陷入病态。

善于倾听是有效沟通的前提。听人说话之所以备受重视，不仅是因为其有助于对事物的了解以及对说话内容的掌握，更因为听话是与他人个性契合、心灵沟通的根源。现代社会观念，已认识到说话的方法、交谈的技巧、相互的了解等对于和谐的人际关系的重要性。但是，大多数人仍偏重于说话的技巧和表达能力，致力于这方面的学习与训练，而忽略了听话要了解话中含义的重要性。倾听别人说话表示敞开自己的心扉，坦诚地接受对方、宽容对方、体贴对方，因而导致彼此心灵融通，是现代社会取得良好人际关系的又一个重要方面。

事实上，许多管理者不愿倾听，特别是不愿倾听下属的意见。殊不知，管理问题在很大程度上就是沟通问题，80%的管理问题实际上

就是由于沟通不畅所致。不会倾听的管理者自然无法与下属进行畅通的沟通，从而影响了管理的效果。

有这样一则寓言，不知大家看过之后会作何感想：

为逃避人类的伤害，鹰王与鹰后经过长途跋涉，飞到一片遥远的森林。它们在密林深处挑选了一棵又高又大、枝繁叶茂的橡树，打算在上面定居下来，并在最高的一根树枝上开始筑巢，准备夏天在这儿孵养后代。

鼹鼠是住在这儿的老居民，看到两只鹰在忙忙碌碌，它忍不住提醒鹰王："你们可不能在这棵橡树上安家，它不安全，它的根已经快烂光了，随时都可能倒掉。你们赶紧另选个地方吧。"

"嘿，真是怪事！我们老鹰的眼睛多么锐利，还用得着你们鼹鼠来提醒吗？你们这些只会躲在洞里的家伙，能看到什么？竟然胆敢跑出来干涉鸟大王的事情？"

鹰王压根不听鼹鼠的劝告，继续忙着筑巢。不久，鹰后孵出了一窝可爱的小家伙。

一天早上，外出觅食的鹰王满载而归。当它怀着兴奋的心情准备回到温暖的家中时，看到的景象却是，那棵高大的橡树倒了，它的孩子无一例外葬身其中。

眼见此情此景，鹰王失声大哭："我多么糊涂啊！当初不听鼹鼠的忠告，如今终于受到了惩罚。我从没有想过，一只鼹鼠的警告竟会是这样准确，真是怪事！真是怪事！"

"轻视从下面来的忠告是愚蠢的！"鼹鼠答道，"你想一想，我就在地底下打洞，和树根十分接近，树根是好是坏，有谁还会比我知道得更清楚呢？"

寓言虽短，寓意精辟。它告诉我们，管理者要谦虚为怀，善于听取最基层员工的意见。群众的眼睛是雪亮的，企业哪里存在隐患，员工的心里最有数，员工的建议我们必须予以高度重视。

倾听，并不一定代表你对对方谈话的认同，它仅表示对对方的尊重。每个人都有表达自己想法的权利。每个管理者都希望自己的讲话能够被下属认真地倾听，同样，每位下属也希望自己的声音能够被自己的上级倾听。倾听不是"听见"，与"听见"不同，它反映了我们对待下属的态度。如果某位朋友认为自己听见了，就是在倾听，这是错误的，因为倾听不仅仅用的是耳朵，更要去用心。我们应该要：

一、理解下属想说什么

我们在倾听时首先要弄明白的是下属到底想说些什么，是对公司的建议、对某人的意见，还是对待遇的不满？由于每个人的性格不同，不同的员工在表达自己的观点时采取的方式也不尽相同。比如，性格较内向的下属，在表述一些敏感的问题时可能会更加隐晦。这需要我们在平时多与下属接触，多了解下属的动态，这些对正确理解下属的意图很有帮助。

二、站在对方的立场去倾听

下属在讲述自己的想法时，可能会有一些看法与公司的利益或我们个人的观点相违背。这时不要急于与下属争论，而应该认真地分析：他的这些看法是如何得来的，是不是其他下属也有类似的看法？为了更好地了解这些情况，我们不妨设身处地地站在下属的角度，为下属着想，这样做可能会发现一些自己以前没有注意到的问题。

三、听完后再发表意见

在倾听结束之前，不要轻易发表自己的意见。由于你可能还没有完全理解下属的谈话，这种情况下妄下结论势必会影响下属的情绪，甚至会对你产生抱怨。我们在发表自己的意见时，要非常地谨慎。特别是在涉及一些敏感的事件时，尤其要保持冷静，埋怨和牢骚绝不能出自我们之口。对员工而言，你的言论代表着公司的观点，所以你必须对你说出的每一句话负责。

四、做记录，并且兑现承诺

在倾听员工的讲述时，最好做一些记录，一方面表明你对他谈话的重视，另一方面也可以记录一些重要的问题，以防遗忘。我们对自己作出的承诺，最好也进行记录。作出的承诺，要及时进行兑现，如果暂时无法兑现，要向员工讲明无法兑现的原因及替代的其他措施。

请记住，沟通是管理者所必须具备的基本能力。有效的沟通会使下属产生一种被重视、被信任的感觉，对激发员工的工作热情、使命感、责任感，都会产生非常积极的影响。所以我们不得不重视。

第六节　管理绝不能护短，接纳下属的不满

我们必须要认识到，在处理员工抱怨的过程当中，自己扮演了两个角色：协调者与咨询者。

任何企业，在它生存、发展、壮大的过程中，不可避免地会出现某些员工对管理者心生不满或有所抱怨的现象。作为一名管理者，我

们在这种情况发生之时，若未能有效地加以解决，往往会使问题扩大化，最后演变为不可收拾的局面。

所以说，作为管理者，我们必须充分重视员工的抱怨，绝对不可对员工的不满和抱怨掉以轻心、漠然视之。实际上，正是抱怨和不满，才能使我们意识到公司里可能还有其他人也在默默忍受着、抱怨着同样的问题。这种情况下，生产效率就会受到严重影响。面对员工的抱怨，我们必须谨慎地处理，不可置之不理，轻率应付。

"让员工把不满说出来。"这句话是由有着"世界第一CEO"之称的美国GE集团前首席执行官杰克·韦尔奇说过的一句话。"让员工把不满说出来"，实际强调的是沟通的重要性。通过这种沟通，可以实现企业内部管理信息的"对流"。一方面，倾听员工发自内心的呼声、意见和建议，便于企业决策层、管理层撤销不合理的管理办法，制定出更加科学合理的制度，提高管理水平；另一方面，听到来自企业决策层、管理层的准确声音之后，员工的顾虑、猜疑和不解就会烟消云散，工作起来心情舒畅，把更多的精力投入到创新生产技术、提高工作效率上，增强企业竞争实力。

退一步说，其实任何管理者，都不可能把所有的工作都做得非常完美、滴水不漏，总有一些事情处理得不公平、不恰当，一些重大决策制订得不合理，一些管理工作做得不到位，使员工产生了不解或不满情绪。这时，如果我们不能和员工进行有效的沟通，让员工把不满说出来并及时处理，就会使员工的不满和怨气越聚越多、越积越重，最终导致企业发生严重的管理危机。因此，"让员工把不满说出来"不失为一种很明智、很可取的化解员工矛盾的好方法。

当然，"让员工把不满说出来"说起来容易，做起来很难。这需

要我们态度诚恳，能够洗耳恭听员工的意见，甚至是批评的意见，而不是走走形式，或做做样子。一般来讲，如果我们这些管理者具有较敏锐的直觉，在听取员工的牢骚或辩白时，往往就会对问题的所在一目了然。但即使如此，我们也不能在员工刚开口时就泼冷水，也切不可在他尚未提出意见时就加以反驳。因为如此一来，只能使他们原来低落的情绪更加低落。对员工的抱怨，我们必须认真对待，要把它当成一件大事来抓。所以我们要：

一、了解反映的所有细节，做笔记，询问反映的每一个细节、时间、地点、环境、其他在场的人等。一定要保证你获得解决这一情况所需的全部信息。

但要注意，不要在这一步骤中评价员工的反映。通过专心倾听，你可以获得所有的细节，一定要做详细记录以备以后参考。这些记录对解决问题非常有好处。

二、作出反应，说明你已了解了问题，比如重复每一个细节，在谈论问题的其他方面时对每一个细节都已掌握了。如果你发现员工根本不同意你的表述，要立即澄清事实。努力倾听员工的话，可以维持或强化他们的自尊心。

三、坦诚表明你的立场，记住，该说的都说了，该做的都做了，解决问题的责任都落在了你的身上。专心听使你易于理解员工在事件中的立场。由于每一个事件都有两个立场。你只有考虑到事件对整个组织的影响后，才能够处理反映的问题。要很诚恳地说明你的立场，说明你是就事论事，要针对反映的问题本身和它的影响，不要针对员工的个性发表意见。这样，就可以作出一种客观的反应，有技巧的反应会维护员工的自尊心。

四、要询问员工如何处理他反映的问题，一定要让员工参与解决，这样你会获得他的承诺。如果问题很复杂，你应坦诚说明你解决问题的意图，以及可选择的解决方案等，让员工相信你不是在敷衍他。

五、员工的抱怨将会提醒你注意，对此应表示谢意，通过对员工表示谢意，说明员工对问题的看法向你提供了有价值的建议。员工知道你高度评价了他在解决问题时所付出的努力时，会在出现别的问题时更努力。通过强调小组工作的重要性进一步加强员工的自尊心。

六、要有自我控制力。在面对员工的抱怨时，你需要有耐心和自我控制力，尤其是员工的抱怨牵涉到你，使你感到很尴尬时，更需要极大的耐心和自我控制能力。

七、掌握事实。即使你可能感觉到不迅速作出决定会有压力，你也要在对事实进行充分调查之后再对抱怨作出答复。要掌握事实——全部事实。要把事实了解透了，再作出决定。只有这样你才能作出完善的决定。小小的抱怨加上你匆忙的决定可能变成大的冲突。

总而言之，作为管理者，我们不能让员工的抱怨越积越多，一旦发现员工有不满情绪要及时了解情况，及时解决处理；否则不满情绪越积越多，就像充气的气球，到了一定程度就会爆炸。

第七节　管理亦是一场戏，不要生疏了演技

一场好戏，不但能得以保身，更能使得下属不亦乐乎，甘受你的领导。

其实，好的管理者大多是好演员，因为他们需要时常掩盖自己的真实意图，让下属无法揣摩自己的心思。这是因为，"做戏"不仅是一种自我保护，同时也更有利于管理者在下属面前树立威信。

管理者出于职业需要，要尽量在下属面前表现得无可挑剔，这并不是说我们这些管理者就没有情绪波动或者不能失态。要知道，管理者也是普通人，也需要情绪发泄。但是，当我们站在下属面前时，就必须承担起自己的责任，谨言慎行，无论是言论还是行为，都要以团队的利益为准则。

所以对于一个管理者而言，职场上无处不是舞台。譬如说，在关乎团队生死存亡的危机时刻，智慧的领导者即便心中波涛汹涌，表面上也要波澜不惊。

很显然，这种"演戏"，并不是矫揉造作，更与奸险不搭边，它俨然是一门管理艺术。领导者善于在下属面前"演戏"，不仅能美化自己的形象，增强自身的号召力及影响力，树立威信，使下属更信任自己、忠实于自己。另一方面，又能将自己保护和隐藏起来，以防止

"有心人"抓住自己的把柄威胁自己。

所以说，在管理中，毫不修饰、直来直去未必就好，很多时候我们完全可以采取以柔克刚的策略，将问题在无形中化解掉。

明正德年间，周金任宣府总督。当时他的属下有个姓冯的侍郎，对待兵士十分苛刻，众人都对他非常不满。有一天，诸军请冯侍郎批些军粮，但无论怎么请求，冯侍郎就是不答应。他还对把总们说："快滚，再向我提出这种要求，我就要命人抽你们鞭子！"

把总们两手空空，一肚子怨气，回去对大家讲了事情的始末，将士们都非常气愤。有人说："真是岂有此理！不批军粮，我们吃什么？"还有一些脾气火暴的就破口大骂，互相撺掇着去找冯侍郎算账，还把府衙团团围住。一时间人头攒动，一触即发，眼看一场兵变就要爆发了。

周金听说此事，就走到院门口，坐下来，大声说："把总在吗？都给我进来！"

各位把总匆匆来见，问是何事。

周金当着那些闹事的士兵的面，厉声呵斥："你们看看，这成什么样子？兵都是好兵，就是你们这些领兵的不好！如果不是你们这些当头的剥削，当兵的怎么会不自爱到这种地步？"

把总们不敢申辩，只得连连称是。

周金越说越气，吩咐下人："来人，用鞭子给我重重地打！看你们今后还敢不敢欺压士兵！"

士兵们初时见周金出来，心中已是惴惴不安，但见周金并未责怪他们，气已经消了一半。此时又见无辜的把总们要受冤挨打，就一拥而入，跪在周金面前求情，并说是冯侍郎贪利，不顾恤士兵。

周金命他们站起来，对他们陈说利害："你们用这种方式，不但解决不了问题，还会把事情弄糟。有什么问题，可以通过上司来解决，闹事没有任何益处，反而让你们有理变无理。"然后又答应为士兵们解决难处，并放了把总们，于是一场危机就这样化解了。

周金的策略真让人拍手称绝，其高明之处就在于，他没有处罚那些闹事的士兵，而是要责罚无辜的把总们，这就是以退为进的手腕，做了场戏给士兵看。其实士兵们闹事并不是真的想要兵变，心里都知道这样做不对，也知道认真追究起来是要负很大责任的，只是一时忍不下那口气。但他们看见周金不仅不罚他们，还为他们说话，心中自然感激。这样处理，就不会引起众怒，也就不会激化矛盾，而是可以让处于怒气中的众人有了一个冷静的机会、一个缓冲的时间，有利于争取人心，以理服人。

有以下两点需要注意：

一、喜怒不形于色。心有乾坤之人，往往能够"任凭沧浪起，稳坐钓鱼台"。我们在实施任何策略之前，都应做到从容自若，不露痕迹。

二、表面糊涂，心中清明。锋芒毕露的人很少能够笑到最后。我们处在团队的高层，一旦失足便会"骨断筋折"。因此，我们必须拥有自己的智慧和"盔甲"，以便更好地保护自己。

其实，受"人活一张脸"的观念影响，国人无论老少几乎都需要扮演自己的角色，生活中几乎到处都是舞台。我们作为团队的核心，一旦威信缺失，就等于这个团队失去了精神领袖，其结果可想而知。是故，我们必须善于展示自身素质良好的一面，要从始至终、尽职尽责地扮演好自己的领导者角色，直至自己退出职业舞台。

第十讲　慎独篇

精华论点：

谭小芳：领导者要有坚定的、超乎超人的自律能力。君子慎独，在种种诱惑面前能定其心志，能得能舍，从而以自我的品德为组织树立榜样，这样才能形成领导者影响力中的魅力成分。

开篇语：

一般人想说什么就说什么，想做什么就做什么，不必有很多顾忌。但管理者却不能这样，因为我们代表着某个组织和某种权力，每个人都在注意我们的一言一行。因此，作为领导，我们一定要小心管理，慎独慎微。在本书的收官部分，就让我们一起来看看，管理者究竟有哪些情况需要格外地小心。

第一节　树大难免狂风吹，咱必须慎独慎微

内不欺己，外不欺人，上不欺天，君子所以慎独。

"慎独"二字，顾名思义，慎其独者也。中国传统文化中讲究个人修养，强调"慎独"。《礼记·中庸》中说："莫见乎隐，莫显乎微，故君子慎其独也。"《礼记·大学》中说："小人闲居，为不善，无所不至。"也是说在独处独居的时候能够"独行不愧影，独寝不愧衾"。曾子"吾日三省吾身"，同样具有慎其独处的含义。古希腊数学家毕达哥拉斯也提出过类似的主张，他说："不论在别人跟前，或者自己单独的时候，都不要做一点卑劣的事情，最要紧的是自尊。"刘少奇在《论共产党员的修养》中，也用了"慎独"一词，并灌注以积极的内容和新的意义，要求共产党员即使在"个人独立工作、无人监督、有做各种坏事的可能的时候，也能够'慎独'，不做任何坏事"。

作为领导者，我们处于团体的中心地位，是公众人物，我们的一举一动、一言一行都或明或暗地受到别人的关注。在公众场合也许我们可以全力以赴地扮演好自己的领导形象，但是，在自己认为群众和下属看不到的时候，我们能不能也做到言行有度、举止规矩呢？这才是充分展示自己的修养和内力的时候。让下属和群众看到最真实的自我的时候，也是让他人最有印象的时候，因此，我们必须要处处谨慎，

时时小心，从小事着手，从身边做起，慎独慎微，勿以恶小而为之，勿以善小而不为。

《后汉书》中说："轻者重之端，小者大之源，堤溃蚁孔，气泄针芒。是以明者慎微，智者识几。"《淮南子·人间训》中讲："圣人敬小慎微，功不失时。"三国时的应璩有首诗说："细微可不慎，堤溃白蚁穴，滕理早从事，安复劳针石？"都揭示了看似细微的东西，也不可不慎。浩浩乎狂飙起于青萍之末，巍巍乎高山拔于坦坦平陆。"小者大，微者著"。看不到小事情会变成大事情，不了解小事情会起大作用，便很可能在这小事情上引起大问题。楚晋鄢陵之战时，主将子反口渴了，从阳谷给他送上一碗酒。子反明知战时不可饮酒，也曾表示拒饮，但经不住酒香的引诱，喝了一碗，就控制不住了，以至于楚军败绩后，楚王砍了他的脑袋。

对于一个领导者而言，道德原则是一时一刻也不能离开的，我们要时刻检点自己的行动，看有什么意见而自己没有听到。"慎独"的核心，是在"独"和"微"，"独"时对于"微"处慎重从事。"众"时"大"处，即在有人监督的情况下和重大的问题上，一般来说便不至于造次了。反过来，如果"独"时"微"处不在乎，放纵随意，那么积小成大，渐染成习，便可能成为牛皮糖、软皮鼓，到"众"时"大"处，也会马虎、肆意轻妄了。"小时偷针，大时偷金"，便属此类。因此，一个有道德的人在独自一人、无人监督时，总是小心谨慎地不做任何不道德的事。坚持慎独，在"隐"和"微"上下工夫，即有人在场和无人在场一个样，不让任何邪恶性的念头萌发，才能防微杜渐，使自己的道德品质高尚。慎独的修养方法实质是提倡高度的自觉性。

古时一首《守义》诗说："许衡方渴时，不食道边梨。一梨食细微，不义宁勿为。"这位古代的许衡对不道德的事，哪怕很细小，也不去做。古代有位名叫乐阳的人，在路上拾到一块金子，拿回家里，被他妻子批评了一通，指出"拾遗求利"会"污其行"，劝他要"励志洁行，不而为之"。他们都认识到了"由小变大"的可能性，"小恶"会发展到"大恶"，小错误会发展成大错误，到头来，多行不义必自毙，那就悔之晚矣。

现实生活中，我们可以看到，有的领导贪得无厌，官位越高越好，权力越大越好，金钱越多越好，事情越少越好。有些人由于不能控制自己的私欲，逐渐走上了犯罪的道路。有些不成熟的领导者或易冲动的领导人，往往不能控制自己的情感和行为，遇到某种刺激，易于兴奋，易于激动；处理问题冒失、轻率，好意气用事，不顾后果。

有成效的领导人善于控制自己的感情，掌握自己的心境，约束自己的言行。无论受到什么刺激，他们都能保持沉着、冷静，而不产生冲动行为。必要时能节制自己的欲望，忍受身心的苦痛和不幸，克制自己的各种消极情绪。表现出高度的忍耐性、纪律性、组织性。在待人接物上表现为忍让克己。

"勿以恶小而为之"的同时就是"勿以善小而不为"。话说清代名商胡雪岩少年时浪迹杭州里弄，却独具慧眼不惜以自己钱庄"档手"的位置（相当于现在的银行办事员），为一落第书生王有龄凑足纹银五百两，资助他进京谋取官位，算是做了一件好事。后来，王有龄果然平步青云，成了浙江巡抚，想那江南膏腴之地、人间天堂一半进入他的管辖区。人之相交，贵在患难，王有龄之所以有今日的成就，当年胡雪岩的五百两纹银可谓立了大功。于是乎，胡雪岩就有了一个坚强的后盾，此后翻滚几经谋划，终于成为了清朝末年一位极负盛名的红顶商人。

《国语》曰："从善如登，从恶如崩。"登喻难，崩喻易。人学恶学坏，那是很容易的。要杜恶从善，就要从小事做起，从身边做起，慎独慎微。

第二节　心头火不可乱发，要引导不要欺压

管理者尤应防范心头之火，因为此火滥发，其局面往往不可收拾。

"那是业务命令吗？""是的。照我说的去做，否则你就等着炒鱿鱼！"——我们常可以在以"权力"为处事基础的工作场所听到这种对话。上司无视下属的沉默与反抗，一味地强迫其按照自己的意思做事，往往会导致不良效果。

如果我们一味地通过批评和威吓来管人，那么下属就会寻找尽量保险的工作方法，在工作中变得被动而毫无创意，而且也难以从我们的批评和威吓中认识到自己的不足之处，结果犯了错误得不到更正，也就无法进步。

虽然说对于我们这些管理者而言，威代表着严，代表着正，代表着权力，但是我们切不可简单地将之理解为耍威风，更不能以一味打压、株连九族的方式树威，弄不好，威是树起来了，我们的管理目标

却越发难以达到了。而且，威一旦过了头，会扼杀积极性和创造性，人为地诱发混乱的局面，实在是得不偿失。

是的，作为管理者，我们被赋予了一种强制别人的力量，这个力量就是权力。它可以用来指示、指导下属，也可用以纠正下属的过失。虽然如此，但如果太仰仗权力，采取强硬手段来压制下属，口口声声说"我说这么做就这么做"，不厌其烦地一再向人们显示自己的权力，不但不能使下属信服，而且蛮横、高压地利用权力，还会引起下属的强烈反抗。

熟悉三国历史的朋友都应该知道张飞是怎么死的吧？张飞生性脾气暴烈，极爱喝酒，喝醉酒后动不动打骂士兵，除此以外，士兵们虽然不敢表达，心中对他怨怒却很深。

关羽败走麦城，被东吴所杀。张飞为替兄长报仇，决心挂孝讨伐东吴。他当即限令军中三天以内置办足够的白旗白甲。负责制造盔甲的两员大将范强（《三国演义》中作范疆）、张达告之期限太急，向张飞请求宽限几天。张飞非但不听，还把二人打得满口出血，并命令道："一定要按期完成，若超过期限，就杀了你们示众。"

二人知道根本不可能按期完成，心头惶惶之下，便商议决定："与其他杀我们，不如我们杀了他。"于是，趁着张飞醉酒，范、张二人偷偷潜入军帐，轻而易举地结果了这位五虎上将的性命。

可以说，张飞的死很大程度上是他咎由自取。试想，跟着这样的领导，不让下属提反对意见，过分仰仗权力，作为下属，他们会信服吗？张飞之所以被部下杀死，与他平时的高压、蛮横是分不开的。平常下属们就是"敢怒而不敢言"，更何况在他急切报仇之时？

所以说，我们这些管理者应该吸取张飞的教训，在日常管理工作中，需要意识到：

一、下达命令要符合实际情况，指责应该有充分的理由。我们不能因为被赋予了某种权力就滥加应用。把强制及使人服从的力量藏而不露，这才是聪明的做法。要知道，身为下属，他们就算不受强制，也会有服从的心理，如果我们再用一种以上压下的态度来对待他们，即便是性格温顺的员工也会暴躁起来。所以说，我们不能借助权力压人，靠本身的威信使人信服才是明智之举。但是，有些顽固、刚愎自用的下属，见我们以一种友善的态度与他们交谈，反而会摆出一副盛气凌人的架势。对待这种下属，我们不妨就使用强制的手段，不必姑息。

二、权力并不是万能钥匙。你不用过多表现，大家也知道你是领导。威信比权力更重要，把精力放在建立威信上，效果会更好一些。聪明的领导很少会像封建社会那些专制的皇帝，随心所欲，世间万物为自己一人所支配。他们往往在工作中，通过展现自己，来逐步建立自己的威信。有了威信，大家才信服你。这时，你才具备了无形的感召力，你所作出的决定，才会得到大家的拥护。

随心所欲地使用你的权力，只会使我们失去威信；而学会不倚仗手中的权力，建立你的领导威信，我们才会得到大家的信服。

事实上，很多管理者得到权力，而且尝到了以权力树威的甜头以后，往往就会无所节制地滥用权力，滥发无名之火，但其结果或者让自己威信扫地，或者威得以立而事却因此败。张飞的教训是深刻的，虽然时隔千年，但对今天的管理者们仍有着现实的警示意义。希望大家都能引以为戒。

第三节　必要时可以动怒，但行为必须适度

怒上心头便理智易失，人一旦失去理智，又谈何带兵作战得胜而归？

　　我们在工作中，难免遇到动气之事，而有时，我们适当地发发威，也确实能够显示出管理者的威严和权势，对下属形成一种威慑。应该说，对那种"吃硬不吃软"的员工，适时发火施威，常常胜于苦口婆心和千言万语。

　　其实上下级之间的感情交流就是这样，不怕波浪起伏，最忌平淡无味。数天的阴雨连绵，反倒能衬托出雨过天晴、大地如洗的美好。老练的管理者在这个问题上，既敢于发火震怒，又有善后的本领；既能狂风暴雨，又能阳光明媚。当然，尽管发火施威有缘由，毕竟发火会伤人，甚至会坏事，我们对此还是谨慎为好。

　　这里有一个管理故事，还是关于松下先生的，我们应该能从中受到些许启发：

　　后藤清一曾在松下公司任职，某一次，因为一个小的错误，他惹恼了松下先生。当他进入松下的办公室时，只见松下气急败坏地拿起一支火钳死命往桌子上拍击，然后，对后藤大发雷霆。后藤正欲悻悻离去，松下说道："等等，刚才因我太生气了，不小心将这火钳弄弯

了，所以麻烦你费点力，帮我弄直好吗？"

后藤无奈，只好拿起火钳拼命敲打，而他的心情也随着这敲打声逐渐归于平稳。当他把敲直的火钳交给松下时，松下看了看说道："嗯，比原来的还好，你的手真巧！"然后高兴地笑了。

责骂之后，反以题外话来称赞对方，这是松下用人的高明之处。然而，更为精彩的还在后头呢！后藤走后，松下悄悄地给后藤的妻子拨通了电话，对她说："今天你先生回家，脸色一定很难看，请你好好地照顾他！"

本来，后藤在挨了松下一顿臭骂之后，决定辞职不干了，但松下的做法，反使后藤佩服得五体投地，决心继续干下去，而且要干得更好。

管理者适度发火，这是需要的，特别是涉及原则问题或在公开场合碰了钉子时，或对有过错者帮助教育无效时，必须以发火压住对方。况且，我们确实是在为他们着想，相信只要是个有心人，他们是能够明白、理解的。不过话虽如此，但我们在发火时也要有所注意：

一、发火不宜把话说过头，不能把事做绝，而要注意留下感情补偿的余地。我们作为管理者，话语出口一言九鼎，在大庭广众之下，一言既出，驷马难追，而且把话说过头，则事后骑虎难下，难以收场。所以，发火不应当众揭短，伤人之心，导致事后费许多力也难挽回。

二、发火宜虚实相间。对顽固不化的人，不妨对他大动肝火，这既能防止和制止其错误行为，也能显示出我们的威慑力量。但对有些人则不宜真动肝火，而应以半开玩笑、半认真或半俏皮、半训诫的方式去进行，虚中有实、语意双关，使对方既不能翻脸又不敢轻视，内心往往有所顾忌——假如上司认真起来怎么办？

三、发火时要注意树立一种被人理解的"热心"形象，要大事认真，小事随和，轻易不发火，发火就叫人服气、"拿住人"，时间长了，我们才能在员工中树立起令人敬畏的形象。日常观察可见，令人服气的发火总是和热诚的关心帮助联系在一起的，我们应在员工中形成"自己虽然脾气不好但心肠热"的形象，从而使发火得到人们的理解和赞同。

总的来说，我们发火的目的之一是显示威信，但显威归显威，我们一定要注意发火的程度。要知道，但凡发火总是会伤人的，只是有轻有重程度不同而已。这就要求我们对不同的下属要把握好度，发火伤人之后更要及时善后，以防施威未成反招下属怨恨。

第四节　摆正上下级关系，把握分寸与距离

每个管理者都是一座孤岛，可以与其他岛相通，但不能与其他岛相连，连起来的岛就丧失了独立性，容易受各色人等左右。

作为一名管理者，我们有着自身应有的威严。我们常说要跟员工搞好关系，但是并不是越平易近人，越和员工打成一片，甚至称兄道弟就越好。为了树立管理者的权威，管理好员工，也需要把握好尺度。我们不妨回想一下，你是否经常与员工共同出入各种社交场所？你是

否对你的某一位知心员工无话不谈？你的员工是否当着其他人的面与你称兄道弟？如果已经出现了上述几种情况，那么危险的信号灯已经亮了，你需要立即采取行动，与你的员工保持一定的距离，不可太过于亲密。

俗话说得好：有距离才有美。适度的距离对你是有好处的。即使你再"民主"，再"平易近人"，也需要有一定的威严。当众与员工称兄道弟只能降低你的威信，使人觉得你与他的关系已不再是上下级的关系，而是哥们儿了。于是，其他员工也开始对你的命令不当一回事。隐私对于每一个人来说都是必要的和重要的，让你的员工过多地了解你的隐私，对你来说只能是一种潜在的危险。你敢肯定他哪天不会把你的秘密公之于众吗？你能确定他不会利用你的弱点来打倒你吗？这实在是太可怕了。你可以是员工事业上的伙伴，工作上的朋友，但你千万不要与他成为哥们儿。

在日常的管理中，你是否会听到员工这样议论你：王头这些天是怎么了？前天还与我们有说有笑地吃晚饭，今天又把我叫到办公室给训了一顿。一会儿把我们当朋友，一会儿又要做我们的主管，真没想到他在获得提拔后这样对待我们，太令人失望了。

显然，与下属之间的距离并不好把握，走得太近易丧失威信，影响工作；离得太远又缺乏亲和力，令下属敬而远之，甚至会招来非议。所以，这个距离我们一定要把握好。

法国戴高乐将军有一句座右铭"保持一定距离"。这个座右铭深刻地影响了他和顾问、智囊以及参谋门的关系。在十多年的总统生涯中，他的秘书处、私人参谋部、办公厅还有智囊机构中，没有一个人的工作年限能在两年以上。他曾经对新一任的办公厅主任说："我只聘用你两年，就像人们不能以参谋部的工作作为职业一样，你也不要把办公厅主任作为自己的职业。"

不光这样，即使是新人，他也不与他们任何一个人有工作以外的交往。他与这些人是等距离的，没有亲疏远近之分。所以这些人犯了错或是找他办事，他一律秉公处理。因为他在任职期间，他的幕僚是最为廉洁奉公的。

戴高乐之所以这样做，主要出于两方面的原因。一方面，在他看来，工作调动是正常的，固定才是不正常的。第二个原因，他不想让这些人变成他"离不开"的人，他是想依靠自己的思维和决断力来做法国人民的领袖，他不容许身边存在他永远离不开的人。只有调动，他才能与下属保持一定的距离；只有有了距离，他才能更好地对他们进行管理，更好地保证顾问和参谋的思维及决断具有新鲜感；也只有如此，才能杜绝下属利用他或政府的名义营私舞弊。

有人问戴高乐，不和下属交往会不会感到孤独，戴高乐笑着说："做任何事情都要有代价，孤独只需要我一个人忍受就够了，如果我的下属因为与我关系好而做错事，那么要忍受的就不止我一个人了。"也有人问他是不是与下属的关系太远了，这样会影响他们的执行力。戴高乐笑意更浓了："不和他们交往不代表我不关心他们，他们应该得到的，我一分都不会少啊！"

就这样，戴高乐不仅得到了下属的尊重和认可，还因此受到国内外人士的广泛好评。

虽然在实际管理工作中，我们不可能像戴高乐将军那样频繁地更换下属，而且这也确实有点极端。但是，戴高乐将军尽力与下属尤其是与新下属保持距离的做法，却很值得我们借鉴，我们必须认识到，管理者与普通员工等级还是有别的，扮演的角色更是截然不同。如果你一方面想当员工的好朋友，另一方面又想当好主管，同时想扮好这两个角色只会让你费力不讨好。你的员工会对你的"两面派"行为怀恨在心，而上司则会怪你办事不力，你只好两头受气。

在一个工作群体中，你由普通员工提升为主管，你就得管理过去的同事。这种处境确实令人尴尬，你会觉得压力不小。如何处理好这种微妙的关系呢？比较理想的做法是：

一、召集所有的员工开一次会。用诚恳的语言表明你作为一名管理者所坚持的立场，在某些方面可能会做出令他们不乐意接受的规定和要求，也许你并不赞同，但你不得不去做，清楚地让员工们认识到你们之间的新关系。

二、积极努力地表现自己，向员工们证明自己是有能力、热情的。当你犯错误时也不要遮遮掩掩、不懂装懂，而是坦率承认，知错就改。

三、不要再介入是非长短的闲聊，因为你现在的任务是支持团队中的每一个成员。

四、不要将自己管理者的角色扮演得过火，与过去的同事产生不必要的疏远。一口官腔，一副高人一等的姿态，只会使你与员工之间产生不和，不利于工作的开展。

总而言之，作为一名管理者，不论是新上任的，还是干了多年的，我们都应该摆正自己与员工的位置。无论如何，如果你要维护自己的权威，更好地管理你的属下，你就应该跟他们适当地保持距离。

第五节 异性相处有忌讳，别与下属太暧昧

跟女下属相处，关键看男上司自己。拿捏好距离，不要排斥，一路欢歌，做到心中有数。

男女相处，特别是在上下级之间，距离就显得尤为重要。距离过大，自然不利于培养融洽的上下级关系和形成良好的工作配合；距离过小，则容易产生各种不良的后果，使上下级都受到伤害。

是故我们在与女性下属相处的过程中，一定要注意时间、地点、场合和自己的言谈举止，使距离不越过正常的工作关系的界限。在这里，我们结合实践，为大家指出了在与女性下属相处时应注意的七大问题：

一、不要轻易到女性下属的家里去。我们每个人都有这样的经验，当交际双方的关系已相处到一定的程度，才应该或有可能到对方的家里去做客。因为家是个人生活空间，它并不是一个工作场合。男性到另一位女性家里，往往意味着某一方面或双方愿意使彼此的工作友谊更进一步，上升到私人友谊甚至是更远。

所以，我们不要轻易地去女性下属的家里。一方面因为它超越了上下级工作关系的人际距离，容易让下属误会，以为你在有意靠近她；另一方面，也容易给心术不正的下属创造实现不良企图的机会，出现

种种问题。而且，女性下属与男性领导之间这种私下的接近，还会造成不良的社会舆论，影响彼此正常的生活。

有一位男领导，家离一位女下属的家非常近。有时为了工作上的事，他就直接到这位下属家里去谈。因为他们谈的都是有关工作的事，加之这两位坚信"身正不怕影子歪"，所以就对彼此的距离未做太多的考虑。

然而时间一长，这位领导的夫人就起了疑心，认为他们之间肯定有什么不可告人的秘密，还同自己的丈夫吵过好几次。于是，一时间搞得满城风雨。许多人认为是"无风不起浪"，各种谣传纷起，同事们也持怀疑甚至鄙视的态度，这位女士在单位的处境相当艰难。"外困"又引起"内忧"，她的家庭关系也因为风言风雨弄得相当紧张。

特别是那位男领导为了表明自己的清白，开始主动疏远她，重要工作不交给她做，增资奖励没她的分儿，这更使得这位女士的处境举步维艰。

最后，她只好打报告请求调到另一个单位去工作。然而，其名誉的损失却是无法弥补的，这成为她一个巨大的精神包袱。

说起来，只是因为不注意保持适当的上下级距离，结果却造成不良的社会后果，使双方受到了不应有的伤害。我们对此不可不小心啊。

二、在办公室里谈工作最好有第三人在场。工作上的事在办公室里谈，这是避开众人之嫌的最好办法。并且，办公室里庄重、正式的氛围也有助于为上下级的交往营造一个正常的时空环境。

然而，许多机关、单位的领导都有自己独立的办公室，这个办公室由领导独自使用，因此也会带上个人空间的色彩。所以，我们在与女性下属接触时，仍是需要注意保持彼此的距离。当你要找女下属谈工作时，一定要光明正大，最好有第三人在场，并且，要提纲挈领，拣重要的说，不痛不痒的话少说。这样，别人就不会有所猜疑了，女下属自然也不会生出什么不好的想法。

这里最忌讳的是偷偷地找女下属进自己的办公室。一方面，每次的出入不可能没人撞见；另一方面，这种看似做贼心虚的做法只会给自己增添麻烦。所以，我们在与女下属相处时，一定要公开、大方，尽量使双方的关系处在众人的目光监督和保护之下。从长远看，这是有利于女性下属和我们个人的发展前途的。

三、在公共场合更应保持距离。公共场合更是一个讲究礼仪、分寸的地方，大家更应按照既定的社会交往所要求的距离处理人与人之间的关系。我们要考虑自己的公众形象。事实上，那些在公共场合不注意与领导保持适当距离的女性，其行为是不自重、不明智的。同样，在公众场合与女下属眉目传情、亲亲热热的男领导，也会乐极生悲的。

有这样一位女士，一心想讨好领导，并且很爱向别人炫耀自己与领导的关系如何如何之好，企图以此来提高自己在单位中的地位。

一次，单位组织集体春游。一上车，这位女士就捷足先登，坐在了男经理的身边。一路上，她与领导谈笑风生，显得亲密无间，根本不在乎周围同事的看法。到达目的地后，她更是与领导形影相随。经理走到哪里，她就跟到哪里，还时不时地对经理大献殷勤。于是，春游之后，大家都不无讽刺地称她为经理的"小蜜"。

这位女士的这种故意在众人面前缩短她与领导之间距离的做法，实在没有任何高明之处。如果说她也有所收获的话，那就是获得了一个坏的名声。而这位男领导，也在下属心目中留下了爱吃"豆腐"的暧昧名声，于长远发展不利。

四、应与女下属保持生理上的距离。现代心理学研究证明，人际交往中的生理距离的不同会带来心理效果上的不同。正常的人与人交往过程中，要注意保持一定的生理距离。

人类学家爱德华·霍尔通过对美国社会的研究，认为人际交流过程中可按彼此距离的大小划分为四种不同的空间类型。第一种距离为亲密的，其范围大约在 0 ~ 46 厘米之间；第二种距离是个人的，距离在 46 厘米 ~ 1.2 米之间；第三种是社会空间，距离在 1.2 ~ 3 米之间；最后一种是 3 米以上。

可见，人际交往是需要空间距离的。特别是男女之间的交往存在着暧昧潜在的可能性，对此更应加以注意。如果我们在与女下属的交往过程中，突破了正常的人际距离，闯入到亲密的距离范围内，彼此的呼吸可听，彼此的气味可闻，眼神、表情的细微变化也是历历在目，势必会形成某种刺激，引起不当的心理活动。

五、言谈举止要注意分寸，不可过分随便。我们一定要注意自己言行的分寸，不要随随便便去谈那些不合时宜的话题，也不要在说话时过于随便、放肆。有些男领导在谈话中，或大笑不止，或眉来眼去，甚至触及某项私人话题，这些都会让人反感或引起误会，破坏正常的人际交往距离。因此，当为我们所戒。

六、注意不要在私下里谈工作。

我们最好不要在私下里与女下属谈工作。除非是紧急情况或十分必要，这些问题完全可以在工作时间里谈。另外，在工作之余与女下属谈工作，还可能会引起女下属和其他人的误会，引起双方家属的不快和猜疑。这样，很容易使正常的上下级关系走上不正常的方向，这就弄巧成拙了。

七、不单独与女下属去娱乐场所。我们与女下属同去娱乐场所是非常不适宜的，特别是当你已经有夫人以后，因为这种交往已超越了上下级之间工作交往的范围，并且容易出问题。

娱乐场所的气氛不适于正当的异性上下级的交往。恋爱中的男女一般比较钟情于这样的地方，混迹其中，再加上浪漫的音乐，势必会产生不好的心理暗示，悖离正常的交流范围。

更何况，没有第三人在场，就很难形成一种制约，把握不好就容易突破正常的交往距离，不利于男领导约束自己，也不利于女性下属保护自己，从而使彼此的交往处于一种非正常的、暧昧含糊的状态。

总之，我们应该注意，异性上下级之间的交往是一个非常敏感的问题，一定要谨慎处理，尽量避免私下的接触，使彼此之间保持一定的距离。

第六节　朝令夕改是大忌，领导千万要注意

朝令夕改是管理的大忌，滥发命令只会损害你的威信，只会引起员工的反感，看轻命令，甚至对其不屑一顾，置命令于罔顾。

孙子提出统兵者要"令素行"，"令素行以教其民，则民服；令不素行以教其民，则民不服。"管理企业就如同治理军队，管理者就是那一言九鼎的大将。企业管理中，管理者若能做到号令如山，员工对

你的命令才能无条件服从，这样的企业才能获得成功。

英国剑桥大学经济学教授理查兹·肯特也曾提出"无折扣法"一说，强调命令不是廉价的处理品，只要是命令就应该让执行者触目惊心，认真对待，不得夭折。当任何人都不知道谁应负责的时候，责任等于零。企业管理的命令如果得不到执行，和没有发布这个命令毫无分别；企业管理的命令如果只被执行一部分，效果也还是跟没有发布这个命令无异。

要达到这样的效果，我们在该下命令时，就绝不要犹豫，而在不该命令时，则不能随便下令。只有这样，我们才能保证命令的有效性，才能让员工重视并执行命令。一般来说，我们权力越大，地位越高，就越不能随意发号施令。作为一名管理者，如果我们习惯于随意滥下命令，就会造成许多不好的影响。而当员工违反了命令时，即便他们的借口合理，我们也不能轻易向其妥协，如果轻易妥协，就会丧失自己的威信，使员工以此为例养成不服从命令的习惯。

举例说明一下：

张某是一家食品厂的老板。一段辉煌期过后，公司发展陷入停滞。通过深入了解并分析，他发现是产品质量出了问题。找到问题后，张某开始了他的改进计划。他采取的是温和、循序渐进的手法。他请来广告和品牌策划专家，以轻松、幽默的方式为员工讲解产品质量和品牌的重要性，使质量意识深入人心并成为广大员工的自觉意识。此外，他走出他的办公室，亲自到工厂车间检查产品质量，和员工们讨论质量问题。通过这个途径，他收集到了许多质量改进的设想建议。

张某的苦心没有白费。在他的带领和改进下，全公司上下形成了严格的质量意识，严格遵守由他制定的新质量标准。由此公司产品再次打开市场销路，销售额直线上升。员工们看到了希望，一个个干劲十足。

然而到年底，却发生了一件事情。有一批刚出厂的罐头卖得不错，非常受顾客的欢迎。但其实这批罐头存在一定的密封问题，不符合公司对此环节的质量规定。下属们犯难了，不知该不该继续发这批货，他们把报告放到了张某的办公桌上，等待着张某答复。

然而张某的回答让每一个部属都感到意外："照发不误。"张某万万想不到，就为这一个错误的决定，他几乎前功尽弃。先前是他自己订立了严格的产品质量标准，并要求每名员工严格遵守，可现在，却是他率先违背质量原则。于是他渐渐失去了在部属中间建立起来的威信，他的决策再也没有先前那么强大的号召力了。其实，当下属把要不要发货的报告呈上来的时候，张某就应该清醒地意识到：下属之所以这样做，全是因为自己严格要求、训练的结果，表明部属是何等重视产品质量。张某的回答无疑是告诉他们，所有订立的要求大家严格遵循的规则都是一纸空文，毫无意义，随时都可以撕毁、推翻。

毫无疑问，张某自己搬了石头砸了自己的脚。你可以预见，部属们对张某的所作所为会感到如何地失望，正所谓上行下效，既然管理者都可以这样言行不一致，出尔反尔，自己作为下属，更没必要去遵守那一套东西了。不可避免的是，公司的产品质量如江河日下，一日不如一日。而在危急关头想要再次力挽狂澜，恐怕就非一朝一夕的事了，其可能性该是如何渺茫。

所以，不随便发布命令，而在发布命令之后，一定要坚决执行！——这不仅能够提高我们在下属心目中的威信，更有利于工作的开展。具体上说，在这方面，我们还有以下几点需要注意：

一、不要无的放矢

作为管理者，我们向下属发布命令，必须有一个理由、一个目的和一个承诺。换句话说，我们在发布命令时不要无的放矢，否则容易引起下属的不满，间接导致命令被打折扣。如何才能做到有的放矢？

首先，你一定要有发布命令的充足理由。你可以按照下面六条简单的指导原则命令：

1. 为什么做这件事情是必需的？

2. 这件事情什么时候必须完成？

3. 要在什么地方完成这件事情？

4. 最适合做这件事的人是谁？

5. 该怎样做这件事情？需要什么样的工具、设备和人员？

6. 做这件事情需要花费多少钱？

也就是说，我们在发布命令前一定要做好充分的理由准备，而在发布命令时一定要给下属一个承诺。这样你的命令就会得到下属的重视，不会无的放矢。

二、别让听令者犹豫不决

"命"这个字是由"口"和"令"组合而成的，即用口传达给对方的是件非常重要的事。或许有人认为，写在纸上传达比较不会发生错误。但是，用文书传达的命令较缺乏魄力。反倒上司口头命令说"你做这个"时，听话者即可以辨出任务的轻重缓急，并适时地完成它。

当你下达命令时，有的下属显得犹豫不决——很显然，即使他执行了你的命令，也是十分地踌躇，那么执行的效果肯定要打折。

面对这样的下属，切记千万不要给下属犹豫的机会！可以利用人性来下达有效率命令的重要性。比如：

大声下命令。若你的声音太小，有可能被下属误以为是在说一件不重要的事情。在众人面前下命令：如此下属便能拒绝其他的任务，或者先完成你交代的任务。表情严肃，并且威严地下命令：这样不代表逞威风，你必须让下属感受到你的斗志。

三、确保命令的执行

为什么有许多命令或指示下达后总是受阻呢？就是因为我们没有监督命令的执行情况。所以，每天我们要专门拿出一点时间检查工作。在检查之前，仔细考虑一下应该检查的重点。要有选择地检查，要多问问题，要能在检查中发现问题。

若能做到这些，大抵我们就可以确保命令的执行力度了。

第七节 切不要太过贪功，吃肉时给人杯羹

人人都希望自己被肯定，即使他所做的工作未必成功，但始终是卖了力，当然不希望被忽视。

朋友们，当我们带领自己的团队有所成绩以后，请不要忘记与下

属分享功劳，一同分享成功的喜悦和幸福。

如果说我们不这样，如果说我们只为私利，只想着自己如何风光，甚至私自窃取下属的功劳，那么他们就不会再为我们卖命效力。但如果我们能把这份荣耀给他们，他们做事就会分外卖力，因为他们会希望下次也一样成功，希望下次还能得到应有的荣耀。

我们应该知道，一个人的工作倘若得不到肯定，他的自信心就一定会受到打击。如果是一位聪明的领导者，他就不会忽视员工参与的价值。那些古代的杰出领导者会毫不吝啬地将钱财富贵花在志士能人身上，而当今的杰出领导者不仅肯把钱财花在人才身上，他们即使对普通职工也是不会抠门的。这正是他们的聪明之处，因为这些领导者知道，对下属过于吝啬，其后果肯定不是很好的。

有这样一个案例，大家来分析一下孰对孰错。

在某大公司的年终员工大会上，总裁刻意表扬了两组营业成绩较佳的员工，并邀请他们的领导上台。

先上来的那位领导，似乎早有准备一样，一站到台前就开始滔滔不绝地畅谈他的经营方法和管理哲学。他的意思很明显，是在向老总暗示自己在年内为公司所做出的贡献，这番慷慨陈词令台下的老总以及他自己的下属，听了满不是味儿。

后上来的那位领导，一开口首先就感谢自己的下属，并一再表示自己很庆幸能带领一个如此拼搏的团队，最后，他还把下属一一邀请上台，请他们接受所有人的掌声。这个时候，整个大会的气氛达到了高潮。

其实无须多言，谁是好的领导一望便知。像第一位那样，有了功劳全往自己身上揽，不单单下属看不起他，恐怕连老板都会感到不屑吧。我们再看看第二位领导，不贪功、不自私，懂得将荣耀与大家分享，他的下属会因此而享受到被尊重的感觉，从上到下，谁会不对这样的人产生好感呢？事实上，若是一个聪明的领导，谁有多少功过他心里再清楚不过了，这根本不是你喜不喜欢与他人分享的问题。你若太急于表现，反而会掩盖掉本属于你的荣耀。

所以说作为一名管理者，我们需要做到这样：

一、要开阔胸襟，不计小利。当老总表扬你时，不妨举荐几个立功之臣，一来可以在老总面前表现你胸怀大度；二来可以使老总明白你领导有方，培养人才效果颇佳；三来可以使下属对你无限崇拜。一箭三雕，如此划算的买卖，为何不做？你举荐之后，或许你的下属会得到提升，或许会被加薪，这时不要感觉心里不平衡，要打开心胸，不必斤斤计较，更不可看别人加薪就眼红，因为由此获得的是对全体下属的激励，使之为你效力。

二、要掌握分寸，既推功揽过，而又维护自身形象。推功揽过，为下属申功，为下属代罪，这是获得下属忠心的最好办法之一，也是在老总面前树立形象的捷径之一。聪明的朋友不妨一试。但是，过犹不及，若把功劳全部归于下属，使你这个管理者显得像个白痴，或承担所有过错，被上司看作毫无办事能力，那么你自己的乌纱帽就要丢了，你还如何去庇护别人呢？

在荣誉到来之前，有些朋友常常利用自己的领导地位挺身而出，当仁不让，似乎这样才能表现出自己的高大形象，才能说明自己的成功。殊不知，一个管理者是否真正成功，得看他手下的人是不是成功了，只有下属成功了，才表明你这个管理者也成功了。请记住："不要既想当教练，又想当进球的那个人。"

　　我们这些领导做事，贵在用人，而要用好人，首先就要给人一些好处和利益。古今中外，莫不如是。要知道，没有人是傻子，谁也不会"分文不取"地白白付出，这人世间任何一个人的进取精神和事业心，都与某种利益息息相关。所以道家始祖老子告诉我们："长而不宰，为而不恃，功成弗民。"就是在劝诫我们这些领导者要能"容人，共享繁荣"。然而，这可能也是最难做的，我们若是有这样高的涵养，下属自会感恩图报。这是很高境界的管人方法了。